초판 1쇄 인쇄 2016년 08월 24일
초판 1쇄 발행 2016년 08월 29일

지은이 박묵희
펴낸이 김양수
표지 본문 디자인 이정은   **교정교열** 엄빛나리

펴낸곳 휴앤스토리   **출판등록** 제2016-000014
주소 (우 10387) 경기도 고양시 일산서구 중앙로 1456(주엽동) 서현프라자 604호
대표전화 031.906.5006   **팩스** 031.906.5079
이메일 okbook1234@naver.com   **홈페이지** www.booksam.co.kr

ISBN 979-11-957879-9-9 (03190)

공부 안 되는, 공부 안 하는
공부 못 하는 학생들을 위한
3 M 학 습 법

우리 아이
성적이
올랐어요

박묵희 지음

"엄마, 나도 공부 잘하고 싶어요."
모든 학생의 마음속 진정한 바람입니다.

휴앤스토리

20여 년간 성적 부진 학생들을 만나 보면서 가장 명확하게 얻은 결론은 "엄마 나도 공부 잘하고 싶어요."입니다. 사실 이것은 모든 학생의 진정한 소망입니다. 공부를 잘하는 것은 모든 학생의 바람이며 부모의 바람입니다. 성적이 좋다는 것이 주는 많은 이익과 기쁨을 생각하면 당연한 일입니다. 문제는 그것이 마음대로 안 된다는 것입니다.

수많은 학생이 한두 가지의 문제로 성적 부진 현상을 보이는데, 그것을 자동차 엔진 파워가 떨어져서 낮은 속도로 가는 경우, 시동이 가끔 꺼지는 경우, 사이드 브레이크가 걸린 상태로 달리는 경우, 타이어 하나가 펑크 난 채로 달리는 경우로 비유할 수 있습니다. 다양한 문제로 인해 자동차라는 학습 멘탈 구조가 제 기능을 발휘하지 못하는 것, 즉 공부를 제대로 할 수 없는 상태가 되어 성적 부진이라는 결과를 초래하게 된다는 말입니다. 그러한 가운데 많은 학생이 초·중·고 12년이란 긴 세월을 고통과 답답함, 우울감 속에서 고생하는 것을 우리는 흔하게 봅니다.

공부를 못하는, 안 하는 학생은 성적 부진 상태에서 대개 동문서답, 부적절한 태도, 고집부리기, 학습에 대한 저항감, 심리적 불안정,

무기력증, 회피 행동, 일탈, 문제 행동 등으로 파생되어 나갑니다. 예를 들면 학교나 가정에서 인정 욕구가 충족되지 않으면 또래 집단에서 인정받으려고 게임 중독이나 문제 일으키기 등을 통해 자기 인정 욕구를 대리 충족합니다.

성숙하고 지적이고 흥미 있고 창의적인 것들은 기본 학습에서부터 진행됩니다. 격려도 야단치기도 설득하기도 답이 아닙니다. 핵심 문제 부분이 먼저 해결되어야 합니다. 학습을 위한 멘탈 구조에 대한 개선 작업이 이루어지지 않으면 성적 부진 현상을 넘어서 더 큰 심리, 행동, 정서 문제로 확대되어 나타나기도 합니다. 안 되거나 못하는 요인을 먼저 찾아서 개선해야지 무턱대고 학원 보내기, 학습법 배우기, 지적하기, 독려하기, 야단치기 해서는 성적 부진 문제가 해결되지 않습니다. 모든 학생의 원래의, 지금의, 미래의 꿈은 말할 것도 없이 공부 잘해서 인정받고 행복하고 자유롭고 성공적인 인생을 사는 것입니다. 성적 향상은 학생들을 성숙시키고 다면적 사고를 하게 하고 자신과 주변을 성찰하게 하고 미래를 계획하게 합니다.

"엄마, 나도 공부 잘하고 싶어요."
이 땅의 모든 학생들의 마음속 진정한 바람입니다.

2016년 온 산하에 만개하는 꽃들의 축제 속에서
박 묵 희

한 학생의 성적은 그 사람의 인성, 인지 지능, 지적 능력의 수준을 나타내 주며 이것들의 배후를 이루는 성실성, 지속성, 건강성, 책임감, 목표 의식을 보여 주는 확실한 지표 중의 하나입니다. 대부분 학생과 학부모들은 학습을 잘해서 좋은 성적을 통해 더 좋은 대학에 진학하고자 합니다. 그러나 이들의 열망과는 다르게 결과는 좋지 않은 경우가 더 많습니다. 마치 새 컴퓨터를 샀지만, 사용하다 보면 컴퓨터 바이러스나 악성 코드에 감염되어 효용과 효율이 떨어지는 경우와 마찬가지입니다. 이런 문제를 백신 프로그램으로 치유하지 않은 채 노력하기, 애쓰기, 야단치기, 격려하기, 잔소리하기 등으로 해결되겠습니까?

성적이 저조한 데에는 공부를 안 하는 경우가 있고, 공부하고 싶어도 못하는 경우도 있으며, 더 나아가 공부를 하고 싶어도 안 되는 경우도 있습니다. 즉 부모는 노력하고 집중하라고 독려하지만 첫째 노력해도 안 하는 경우가 있고, 둘째 기본적인 멘탈 상태를 개선하지 않고는 노력해도 결과가 나오지 않는 경우도 있습니다. 노력을 어떻게 해야 할지 학생들은 모를 수도 있습니다. 마치 감염된 컴퓨터처럼 컴퓨터의 기능과는 상관없이 멈춰버린 상태에서 근본개선 없이 컴퓨터에게 효율적으로 작동하라고 한들 제대로 작동하겠습니까?

우리 아이 성적이 올랐어요

좋은 성적을 얻기 위해서는 학습의 기본적인 개념 즉 공부기초가 필요하다고 항상 말하지만 사실 이보다 더 중요한 것은 3가지 멘탈구조 즉 FMNFundamental mental network(근본멘탈구조), BMNBasic mental network(기본멘탈구조), SMNSpiritual mental network(목표멘탈구조)의 개선입니다.

성적이란 열매를 위해서 학습이라는 씨앗을 심어야 하는 데 문제는 마음 밭의 상태입니다. 씨앗을 심는 밭이 돌이나 가시덤불로 덮여 있거나 메마른 흙, 양분 없는 흙만 가득한 상태라면 어떻게 씨(학습)가 발아하여 열매를 맺을 수가 있겠습니까? 컴퓨터 환경처럼 기본 성장 환경, 가족 환경, 학교 친구 환경, 부모의 양육관의 장단점과 후유증, 학생 본인의 정서 안정, 학습 수용 태도, 성격, 가치관, 목표 의식에 따라서 학습의 결과는 지능과 관련 없이 큰 차이가 생깁니다. 학습이라는 씨앗을 심는 마음 밭, 즉 3가지의 멘탈 구조를 점검, 수정, 개선하지 않고는 백일몽처럼 성적 향상이 절대로 이루어지지 않습니다.

3M(3가지 멘탈 구조)을 개선하지 않은 채 오늘도 학교와 학원과 가정에서 결과물 없이 막연히 고생스럽게 노력하는 안타까운 우리나라의 많은 학생과 부모들에게 이 책의 일독을 간절히 권합니다.
3M을 개선, 수정하고 공부하세요! 이 땅의 모든 학생들의 행복하고 자유롭고 성공적인 미래를 위하여… 화이팅!

차례

1부

성적 부진
학생과
부모에게
보내는
편지

자녀가 나보다 훨씬 나은
인생을 살길 바라는 부모님께

　현재 삶에 뚜렷한 돌파구나 더 나아진다는 보장이 없는 상태라면 인생이 고단하고 힘겹게만 느껴집니다. 그러나 자녀가 공부를 잘하고 부모에게 순종하면서 세상에 도전한다면 현재의 어려움은 얼마든지 이겨나갈 수 있습니다. 가까운 미래에 구체적인 꿈이 있기 때문입니다.

　가정의 희망은 많은 부분이 자녀에 의해서 좌우됩니다. 자녀가 열심히 공부하는 집은 가까운 시기에 더 나은 미래가 주어지면서 가정에 따뜻한 볕이 들기 시작합니다. 그러려면 자녀가 철이 들고 부모를 이해하고 부모의 어려움이 구구절절 가슴에 맺혀야 합니다. 이런 가정의 자녀는 성장하여 훌륭하고 능력 있는 사람이 되는 것입니다.

사업가, 학자, 스포츠 선수, 연구자 등 현재 성공한 이들 중 다수가 보잘것없는 가정환경과 가난한 현실 속에서도 헝그리hungry 정신을 기반으로 부단히 노력했고 그 결과 부모 세대보다 더 나은 미래를 성취해냈습니다.

어려움이 인생의 스승이고 부모의 고통이 발전의 원동력입니다. 진실로 노력하고 애쓰면 오히려 어려운 환경이 전화위복의 계기가 된다는 인생의 진리와 역설을 알아야만 합니다.

부유한 집 아이가 열심히 공부하겠습니까, 어려운 집 아이가 열심히 공부하겠습니까?

자녀는 자신의 환경과 처지를 약진의 발판으로 삼아 열심히 공부해야만 자신의 미래는 물론, 가정의 미래도 활짝 열린다는 것을 깨달아야 합니다.

부모는 자녀가 자신보다 더 나은 삶을 살기를 간절하게 원하면서 공부의 한恨, 돈의 한恨, 환경의 한恨을 계속 갖고 살아가지만, 자녀 대부분은 자신의 부모와 가정을 창피하게 생각하거나 별다른 노력을 하지 않으면서 엉뚱한 짓만 하게 됩니다.

인생의 근본은 부모의 어려움과 가정의 역사와 처지, 자신의 현 상태를 아는 "현실 인식Reality cognition"에 있습니다. 현실 인식이 있어야 공부를 잘하고 공부를 열심히 해야 성숙하게 됩니다.

부모님 당신의 평생에 걸친 노동과 노력을 허무하게 날리지 마십시오. 당신의 삶은 힘겨웠을지라도, 자녀의 삶만은 더 보장되고 확실한

우리 아이 성적이 올랐어요

미래로 나아가야 합니다. 나의 가장 사랑하는 자녀가 공부를 열심히 할 수 있도록 만들고 좋은 성적을 낼 수 있도록 만드십시오. 구체적인 방법know-how과 믿음을 가지고 실행하면 얼마든지 가능한 일입니다.

자녀가 내가 일궈 온 수준만큼
인생을 살기 바라는 부모님께

부모님, 당신은 남보다 앞선 노력과 능력으로 현재의 위치에 오르셨습니다. 경제적으로 사회적으로 성과적으로 나름대로 뛰어난 비전을 가지고 성실히 열심히 살아오신 결과로서 오늘의 자리를 만드셨습니다.

그러나 인생의 성공은 나 자신만의 성공으로 끝나지 않습니다. 자식으로 연결되는 미래의 게임입니다. 내가 잘났다고 자식이 잘되는 것이 아니며, 내가 사장이라고 해서 자녀가 사장이 되는 것이 아니고 내가 교수, 판검사, 의사라고 해서 자녀도 그리되는 것은 아닙니다.

부모인 내가 보기에 공부보다 쉬운 것이 없고, 돈 버는 것보다 쉬운 것이 없고, 승진하는 것보다 쉬운 것이 없다고 하더라도 나의 자녀는 그것이 몹시 어렵거나 불가능할 수도 있습니다.

그런 자녀에게 "나는 남들 하는 과외 한번 안 받고 스스로 고학을 하며 1등을 해 왔다"고 말을 하면 할수록 자녀는 거꾸로 그 멍에에서 도저히 벗어나지 못하며 더욱더 깊은 열등감과 실패, 고통과 우울의 나락으로 떨어집니다.

아인슈타인의 아들도, 간디의 아들도, 처칠의 아들도 성격 장애자, 무능력자, 인생 실패자, 알코올 중독자였다고 합니다. 공자님의 아들이 훌륭하게 컸다는 말을 들어보셨습니까?

나의 성공적인 현재의 상태는 자녀가 이것을 계승할 때만 보장되고 유지됩니다. 능력 있는 부모가 능력 없는 자녀를 바라보는 그 심정 즉 불안, 우울, 분노를 누가 알겠습니까? 단순한 교육과 훈계와 질책으로는 당신의 자녀를 비효율과 무능과 평범의 수준에서 벗어나게 할 수 없습니다.

큰 나무는 시원한 그늘을 만들 수 있지만, 가까이 있는 나무(자식)의 성장을 막고 죽이기까지 합니다. 이러한 것을 벗어나는 학습과 교정의 방법이 있습니다.

만석꾼 3대를 못 가는 인생의 역설적인 진리를 아셔야 합니다.
당신의 인생을 자녀 세대까지 이어서 성공하게 하십시오.

우리 아이 성적이 올랐어요

커리어 우먼인 당신은 현재의 사회적인 역할, 위치에 최선을 다하는 것은 물론, 가정에서도 엄마로서 최선의 노력을 다해 왔습니다. 당신은 성실함과 재능과 노력으로 현재의 커리어를 쌓아 왔고 성공적인 사회생활을 유지해 오고 있습니다.

그러나 자녀만큼은 내 마음대로 되어 주질 않습니다. 내가 아무리 밖에서 성공한 여성, 인정받는 여성이라고 하더라도 자녀는 학습 장애, 성적 부진의 상태에서 벗어나질 못합니다. 다른 모든 것은 내 마음대로 내 노력으로 가능하지만, 도저히 어찌할 수 없는 자녀 문제가 당신 마음에 짐처럼 무겁게 작용합니다.

나 자신의 커리어를 위해 노력하느라 자녀에게 소홀했기 때문에 자녀가 이렇게 된 것은 아닌지 자책하기도 하고 죄책감도 들지만, 그렇다고 해서 상황이 나아지는 것은 아닙니다. 오히려 자녀에 대해 미안한 마음으로 더 많이 이해하고 더 많이 해 주려고 할수록 자녀의 상황은 더 나빠지기 마련입니다. 밖에서 쌓는 만큼, 안에서는 구멍이 나서 빠져나가는 상황이 바로 당신이 처한 현실입니다.

부모 모두 정상적인 교육을 받았고 특별한 문제가 있는 것도 아닌데, 당신의 자녀가 당신의 성실함과 재능과 노력을 닮았다면 얼마나 좋았겠습니까? 하지만 당신이 똑똑하면 똑똑할수록, 당신이 능력 있으면 있을수록 당신의 자녀가 엇나갈 수 있다는 역설을 이해해야만 합니다.

커리어 우먼 엄마와 그 자녀의 문제는 두 사람 사이의 관계성이 섬세하게 고려되어 다루어져야 합니다. 그렇다고 당신의 커리어를 포기하고 자녀에게 헌신하라는 것은 아니며, 현재 당신의 상태에서 자녀를 더 나은 상태로 인도하는 방법이 있습니다.

현재 상황에서 최선의 상태는 당신이 커리어를 계속 유지해 나가면서 자녀도 현재의 학습 장애, 성적 부진의 상태에서 풀려나 각각이 서로 처한 위치에서 발전해 나가는 것입니다. 자녀에게 그저 미안한 마음, 포기하는 마음, 답답한 마음을 갖는 상태에서 벗어나 바로 지금 문제 해결을 위한 새로운 길을 찾아야 할 때입니다.

성적 부진으로 고민하는 학생들에게

성적으로 고민하고 있습니까? 사실 누구나 우수한 성적을 받아 좋은 대학에 들어가서 행복하고 성공적인 미래를 기약하고 싶어 합니다. 그런데 그 공부란 것이 잘되는 학생에게는 너무도 쉽고 재미있는

우리 아이 성적이 올랐어요

일이지만, 보통 학생들에게는 참으로 어렵고 답답하며 짜증 나는 일입니다.

정말 나 자신도 공부 잘해서 학교에서도 인정받고 부모님에게도 기쁨을 드리고 싶지만, 공부의 능력이란 것이 타고나는 것인지, 아무리 하려고 해도 우선 집중적으로 잘되지 않습니다. 좋지 않은 성적표를 보며 마음을 잡아 보지만, 작심 3일, 아니 작심 3시간도 가지 못해서 공부란 것이 정말 답답하고 고통스럽고 짜증 나며 화나는 일이 됩니다.

부모님은 그래도 기대가 있어서 격려도 하고 질책도 하시지만, 무엇을 어디서부터 어떻게 해야 하는지, 아니면 그냥 열심히 하기만 하면 되는지, 아무런 지도도 안내도 없이 어두운 밤길을 홀로 가는 꼴이니 답답하기만 합니다. 학교 선생님도 학원 선생님도 부모님도 기본적인 안내와 가르침만 줄 뿐, 사실은 막막하기 그지없는 일입니다.

이런저런 고민과 괴로움 속에 마음을 잡으려고 해도 인터넷 게임하기, 친구와 문자 보내기, 친구와 어울려 놀기 등 자꾸 옆길로 새곤 합니다. 이것이 단순히 부모님과 선생님의 말씀처럼 의지나 각오가 부족해서 오는 것으로 보이지만, 결코 그러한 것만은 아닙니다. 학습과 성적 향상을 가로막는 자기 내부 걸림돌과 환경 요인을 제거하지 않고는 현재의 성적 부진 상황에서 빠져나오지 못합니다. 마치 진흙탕에 빠져서 헛도는 차바퀴와 같은 상태가 계속될 뿐입니다.

성적을 올리고 싶다면 우선, "성적 부진, 학습 부진의 요인을 찾아내어 제거해야만 합니다." 이 과정 없이는 성적 향상은 백일몽에 불과합니다.

공부를 월등하게 잘하는 우등생이 나와 다른 것은 그들에게는 성적 부진과 학습 부진의 요인이 거의 없다는 것입니다. 즉, 공부를 방해하는 요소들이 없어서 공부하는 것도 내용을 기억하는 것도 그다지 어렵지 않다는 것입니다. 그들에게는 공부가 힘겹게 해야만 하는 노동이 아니라, 성취감을 안겨 주는 몰입의 순간입니다.

공부 정신에 불을 붙이기 위해서는 일단 마음의 복잡한 쓰레기를 정리해야 합니다. 즉 컴퓨터가 잘 작동하도록 하기 위해서는 일단 컴퓨터 파일 중에서 바이러스에 감염된 파일을 제거해야 합니다. 이러한 정리 과정 없이는 모든 수년간의 공부와 노력이 헛수고, 헛공부이고 시간 메꾸기에 불과합니다. 고생만 할 뿐 결코 성적 향상은 오지 않습니다. 차라리 꿈 많은 시절, 마음 놓고 노는 것이 낫습니다. 그러나 성적 부진이라는 마음속의 걱정이 있는 한 결코 노는 것도 편안하고 즐거운 일은 아닐 것입니다.

성적은 자신의 자존심이자 능력의 객관적 지표이며 미래의 행복과 성공의 우선적인 보증 수표입니다. 학교에서는 성적이 우수한 것이 최고의 자존심이며 사회에서는 지적으로 재능적으로 경제적으로 성공하는 것이 자존심입니다.

공부가 전혀 안 됩니까?
공부를 하려고 해도 안 됩니까?
안되다 못해 거의 포기했습니까?
한다고 하지만 항상 그 자리입니까?

마음속을 잘 들여다보면 누구나 "나도 공부 잘하고 싶다"는 열망이 있음을 느낄 수 있을 것입니다. 하지만 핑계나 합리화가 아닌데 정말 공부가 되지 않기 때문에 스스로에게 실망하고 자꾸만 공부에 관심 없다는 방향으로 나아가게 되는 것입니다.

우선은 공부를 잘하려는 무조건적인 열망보다는 구체적인 방법을 통해 공부할 수 있는 기본 마인드부터 확보하는 것이 중요합니다. 그리고 그 이후에 단계적으로 성적 향상의 성공 요인을 투입하면서 공부 혼에 불을 붙여 나가야 합니다. 이러한 과학적 단계적 접근법을 통해 도저히 노력해도 안 될 것만 같았던 성적 향상의 길이 서서히 열려 나가기 시작할 것입니다.

공부를 못하는 것은 아니지만, 현재의 성적으로는 결코 상위권의 좋은 대학에 갈 수 없으며, 인생의 미래도 내가 꿈꾸는 만큼 그다지 성공적이지 않을 것이라는 걸 잘 알고 있지요?

우수한 학생을 보면 샘도 나고 질투도 나고 부럽기도 하지만 왜 나는 그렇게 되지 않는 것인지, 내가 중하위권은 아니지만 그렇다고 번듯하게 내놓을 만한 우수한 성적이 아니라는 것이 근본 고민입니다.

1, 2등 하는 우수한 아이들은 놀 것 다 놀면서도 쉽고 아주 자연스럽게 1, 2등을 유지하면서 나름대로 자긍심을 가지고 여유 있게 살아가는 것 같은데, 매일 학교와 학원으로 밤늦게까지 애쓰는 나는 왜 우수한 학생이 되지 못하는 것인지 답답하기만 합니다.

원래 내가 그들에 비해 머리가 나쁜 것일까? 학습법이 잘못된 것일까? 아니면 정말 3~4시간만 자고 지독하게 공부하지 않아서일까? 도대체 그들과 나는 왜 차이가 나는 걸까? 여러 가지 생각이 떠오릅니다. 하지만 어른들은 우등생을 본받아 열심히 하라고만 말할 뿐, 근본 이유는 아무도 가르쳐 주지 않습니다. 도대체 무엇을 어떻게 열심히 하라는 말인지… 더 어려운 것은 잠시 열심히 해 보아도 성적 향상의 결과가 그다지 눈에 보이지 않기 때문에 열심히 하는 상태를 오래 유지하기도 힘들다는 것입니다. 결과가 보여야 흥이 나서 더 노력할 텐데, 결과도 없는 상태에서는 노력하는 것은 오래가지 못합니다. 이러한 상태에서 여전히 마음은 좌불안석입니다. 이대로는 좋은 대학에 들어가지 못할 테고, 자칫하면 성공적이지 못한 평범한 삶을 살게 될 텐데…

맞습니다. 그렇습니다.

근본fundamental과 기본basic, 즉 근본적인 마음과 두뇌의 상태, 그리고 기본적인 학습 수용 능력이 개선되지 않으면 아무리 노력한다고 해도 성적은 반짝 상승으로 끝이 나며, 원래 자기 자신의 수준으로 기필코 회귀합니다. 근본과 기본의 개선 없이는 절대로 우수한 성적은 나오지 않습니다. 이들의 개선이 성적 향상의 유일한 지름길입니다.

근본과 기본의 개선 없이는 학생의 수많은 노력(학원, 과외, 학교 수업, 늦은 밤까지의 공부 등)이 모두 헛짓, 헛공부라서 현재의 성적 상태가 끈질기게 유지될 것입니다. 이 상태가 1~2년 지속되면 이미 인생 역전은 한갓 꿈에 지나지 않게 됩니다. 물론 공부 이외의 다른 재능이나 특기가 있어 미래에 성공할 수도 있겠지만, 그것은 확률적인 가능성이 작고, 그 영역 역시 남모르는 노력과 고통이 있는 것입니다. 그런 경우의 스타들(가수, 연예인, 프로 게이머, 스포츠맨, 입지전적인 사업가 등)에게 속지 마세요. 이들은 이 분야에서 이미 어린 시절에 재능을 확보한, 성적으로 따지면 전교 1등들입니다.

그래도 공부가 가장 쉽고 가능성이 큰 게임이라는 것을 알아야 합니다!

공부의 근본과 기본을 개선해야 합니다.

입으로만 공부의 기초, 국·영·수의 기초를 강조하기 이전에, 이 기초의 근간이 되는 근본(정서 안정, 건강한 의욕, 집중력, 분발심, 인내심)과 기본(학습 수용 태도, 순응, 쓰고, 읽고, 생각하고, 이해하고, 느끼고, 말하기)을 먼저 개선해야 합니다. 중학생이든 고등학생이든 마찬가지입니다. 이 기초가 튼튼해지면 학생 자신의 힘겨운 노력 없이도 마치 순풍에 돛을 달고 대양으로 나아가는 것처럼 성적 향상의 길이 자연스럽게 열리게 될 것입니다.

2부

성적 부진에도 이유가 있다

공부를 시작할 때 생기는
학생들의 잘못된 생각들

자신의 상태나, 단계, 현실을 냉철하게 파악하지 않고 무조건 노력부터 하지만 열흘을 지속하지 못한다 일단 학생 본인의 객관적 현실을 냉정하게 평가해야 합니다. 예를 들면 현재 성적이 과목별로 몇 등인지, 수학이 모자란다면 얼마나 모자라는지를 파악하고, 현재 고등학생이라고 해도 중학교 과정부터 시작해야 하는지 초등학교 4~5학년 단계부터 시작해야 하는지를 가늠해야 합니다. 창피함을 넘어서 자신의 상태에 대한 객관적 평가를 해야 하는데, 대개는 냉정하게 평가하지 못하고 대충 평가하거나 현실보다 낙관적으로 평가합니다. 결국, 이것은 기초 단계가 부실하게 되는 결과를 가져오게 되고,

기초 단계가 부실하므로 그다음 단계에서 아무리 좋은 선생님의 아래에서 애를 써 봐도 효율성 있는 공부를 하지 못합니다. 인내심만으로 버티는 데는 한계가 있습니다.

요령과 방법론 없이 오로지 의지로만 힘으로만 밀어붙여서 목적을 이루려고 한다   처한 상황은 각기 다릅니다. 공부해야 하는 상황, 필요도 개인마다 다르고, 잘하는 과목, 못하는 과목, 성격, 스타일도 각기 다릅니다. 심지어 한 개인 안에서도 초등학교, 중학교, 고등학교 연령에 따라 취향, 장단점, 방법이 계속 변합니다.

'남들이 성공한 방법으로 똑같이 하면 성공하겠지' 하고 무조건 수용해 똑같이 노력해 보지만, 그것은 남에게 적용된 방법이지 나 자신에게 적합한 방법은 아닙니다. 자신에게 적합한 나름의 길을 알아야 합니다. 요령과 함께 노력해야지 무조건 팔다리만 휘두른다고 수영이 되겠습니까?

자신의 사태를 실제보다 낙관적으로 본다   사람은 자신의 사태를 비관적으로 보기보다는 긍정적, 낙관적으로 보려는 경향이 강합니다. 마치 주식에 투자한 사람은 자신의 주식이 망하리라는 생각을 거의 안 하는 것과 비슷합니다. 거의 망한다고 확정하고서도 주식에 투자하는 사람은 없기 때문입니다.

자신의 현재 상태(특히 성적, 결과)에 대해서는 대부분 '별로 나쁜 것이 아니야.'라고 현실을 부정하거나 '나쁘지 않다'고 우기거나 '나도 조금만 하면 성적이 올라갈 거야! 열심히 안 해서 그렇지.' 등 낙관론에 빠지게 됩니다.

사람이 정말 객관적으로 자신의 위치나 능력을 평가하고 그에 따르는 괴로움, 좌절을 받아들이기란 무척 힘든 일입니다. 차라리 희망이라는 이름으로 좋게좋게 생각하거나 맹목적으로 긍정적으로만 생각해 버리거나 문제점을 마음 아프게, 골치 아프게 생각 안 하는 것이 덜 괴롭고 편하기 때문입니다. 그래서 막연한 희망, 막연한 낙관론으로 자기 자신을 마취하고, 자기 자신을 속이고, 결국 정확하고 객관적인 자기 인식을 하지 못하게 됩니다. 정확한 자기 평가, 자기 수준의 인식이 이루어져야 자기 나름대로의 공부에 대한 분발심과 방법론이 생겨납니다.

단판, 한판 승부를 내려 한다　대다수 사람들은 시행착오를 겪지 않고 바로 성공하려고 합니다. 한 번의 시행착오도 겪지 않고 단번에 성공하려 하니 이것은 소위 '도둑놈 심보'입니다. 한 번의 실패도 없이 단박에 성공할 수 있는 일이 세상에 어디 있겠습니까?

시행착오다운 시행착오조차도 아무나 겪는 것이 아니고 진실로 노력한 사람만이 그나마 얻을 수 있는 기회입니다. 많은 학생들은 진실로 노력하지 않았으므로 진정한 시행착오도 겪지 못합니다. 진정한 시행착오는 발전의 밑거름이 되고, 지혜를 낳고 요령을 알려 주므로 눈앞에서는 손해를 본 듯해도 실제는 이익이 생긴 것입니다. 왜냐하면 '그렇게 하면 안 된다는 것'을 알았으므로 적어도 그것을 피할 수 있고, 다른 방법을 씀으로써 성공 확률이 높아지기 때문입니다. 성공 확률은 100%냐 0%냐가 아니고 20%에서 35%, 30%에서 60%로 다단계로 분화되어 있습니다. 세상은 성공 확률 게임입니다. 포커 게임의 카드 패도 게임을 하다 보면 확률적으로 감이 생겨서 들어올 카드를 100% 정확하지는 않지만 알게 되고, 야구의 강타자도 배팅을 많이 하다 보면 이번에는 어떤 공이 올지 상당한 확률로서 알게 되므로 홈런을 치게 되는 것입니다.

대개는 노력 부족과 진지함 부족으로 성공은커녕 진정한 실패 역시 경험하지 못합니다. 그러니 성공할 수 있을까요? 또 낮은 산이라도 오르락내리락하면서 정상에 올라가는 것이지, 직선도로로 쭉 뻗어 올라가는 것이 아닌데, 직선형으로 공부가 잘될 것이라는 단순한 생각을 하고 있다가 그것이 조금 안 되면 바로 좌절하고 포기해 버립니다.

공부를 잘하는 것은 종합 예술이며 장기간에 걸쳐 만들어져 나가는 과정이라는 것을 모른다 학생들은 단지 공부만 하면 될 것으로 생각하는데, 공부가 잘되려면 공부가 잘될 종합적인 조건이 필요합

우리 아이 성적이 올랐어요

니다. 정서의 안정성, 스트레스 처리 능력, 알고자 하는 호기심, 초기의 어렵고 힘든 것을 참아내는 인내, 반복할 수 있는 안정된 성격, 가정의 평화, 부모의 보이기도 안 보이기도 하는 사랑과 관심은 물론이고, 하다못해 규칙적인 식사와 배설까지도 장기간에 걸쳐 만들어지는 종합 예술입니다.

연극을 무대에 한번 올리려면 뒤에서 무대를 장치하고 대사를 연습하고 모든 사전 준비를 해야 하는 것처럼 수능 시험을 보는 것도 평소 초, 중, 고 12년간의 눈에 안 보이는 모든 과정이 농축되어 평가되는 것입니다. 물론 1회의 평가는 너무나도 억울하다고 느끼는 사람도 많지만, 공부는 하루 이틀 해서 되는 과정이 아니고, 장기간에 걸친 효율성, 인내심, 분발심 등의 종합적인 성격, 능력, 인격, 인품까지도 평가하는 것입니다. 또 중간중간의 위기관리 능력까지도 포함되는 종합 예술인 것입니다.

단순히 시간 보내는 것을 스스로가 매우 많이 공부했다고 생각한다 많은 학생들은 대충 시간 보낸 것을 공부 열심히 했다고 생각합니다. 이것은 마치 운동선수가 워밍업을 하여 몸에 땀을 조금 낸 후에 실제 경기에 임하는 것과 같은데, 이렇게 슬슬 공부한 것은 워밍업에 해당합니다. 워밍업만 하고 본 게임에는 안 나가거나 심한 경우 땀이 나지도 않을 정도의 워밍업만 해 놓고 스스로 많이 공부했다고 착각을 합니다. 단지 책상에 4시간 동안 앉아 있기만 했을 뿐인데 말입니다. 딴에는 거실에 나가서 TV도 안 봤기 때문에 책상 앞에 앉아 공부를 열심히 했다고 생각하게 되는 것입니다.

그러나 야구의 캐치볼에서 포수의 미트 소리가 나게 열심히 피칭을 한 것이 아니라, 슬슬 땀도 별로 안 날 정도로 공을 던진 것에 불과하지, 입에서 거품이 날 정도로, 머리가 일정 시간 후 아플 정도로 온 힘을 다해 애쓴 것은 아닙니다. 소가 쟁기로 밭을 일굴 때 깊이 파고들어 가서 소의 어깨에 힘든 장력의 압박감을 느껴야지, 슬슬 얼음판 위에 쟁기를 대고 미끄러져 나가듯이 작업을 하면 실제 시간은 꽤 많이 한 것 같지만 실제로는 10~20분 동안 열심히 땅을 갈아엎은 것의 반도 못 한 것과 같습니다.

근본적으로는 자기 탓이라는 것을 모르고 남 탓만 한다

대개 공부가 되지 않는 이유를 자기 밖에서 찾습니다. 공부방이 시끄러워서, 날이 더워서, 선생님이 못 가르쳐서, 부모 잔소리가 심해서, 학교 체제가 잘못되어서, 친구가 기분 나쁘게 해서, 심할 때는 볼펜이 나빠서라고까지 남 탓, 환경 탓을 합니다.

물론 부분적으로는 모두 일리가 있는 말입니다. 나름대로는 이해도 되고, 공감해 줄 수 있으나 어찌 산에 올라가는 등반가가 날씨가 100% 좋고 바람이 불지 않고, 산소도 제대로 있는 등의 완전하고 완벽한 조건만을 바라겠습니까. 불완전한 조건에서도 내가 거기에 맞추어 노력하는 것이 기본입니다. 산에 올라가는 사람이 돌이 많아서,

우리 아이 성적이 올랐어요

모기떼가 있어서, 비가 내려서 등의 이유로 포기할 수 있을까요?

일부는 원망스러운 일이 왜 없겠습니까. 산을 등반할 때 원망스러운 것을 찾으면 찾을수록 올라가기가 더욱더 힘들어지는데, 처음의 저항과 불편함을 못 견디면 산 입구에서 힘들게 헤매느라 시간을 다 보내게 됩니다. 그러나 이를 이겨내고 참고 올라가려고 하면 결국에는 올라가게 되어 있고, 어느 정도 올라가다 보면 몸도 풀려서 신 나고 힘차게 올라가서 중간중간의 멋있고 시원한 폭포도 볼 수 있습니다.

과정 중 나쁜 결과가 나오거나 노력해도 좋은 결과가 안 보이면 좌절하고 포기하려 한다 노력한다고 바로 결과가 잘 나오면 그 누군들 하지 못할 것이며, 조금만 노력해서 결과를 낼 수 있다면 누가 부자가 안 될 것이며, 누구는 스타가 안 되겠습니까? 좋은 결과에 도달하기 전의 저조한 상태, 실패의 상태, 노력하지만 전혀 좋은 기미조차도 보이지 않을 때 버티는 것이 중요합니다.

투수가 신인 시절에 패전 처리 투수로 경기에 나가는 것을 생각해 봅시다. 아무리 열심히 던져도 패배는 정해져 있는 경기지만 무성의하게 해서는 안 됩니다. 최선을 다해 던지면 그 무대에서 무형의 가치(각 선수의 장단점, 자신의 운동장 적응, 자기 컨디션 조절, 다음 게임을 위한 요령 파악 등)를 건지게 되는 것입니다.

연습해 볼 수 있는 그 무대는 실제로 몇억 원의 비용을 들인 무대입니다(기존 선수의 몸짓, 그 간의 팀에 대한 투자, 운동장 시설 비용, 관중의 관람료와 구경하러 온 시간 투자 등). 이 정도면 눈앞의 승리는 얻지 못할지라도 연습해 볼 만한 가치가 있는 비싼 무대가 아니겠습니까?

공부할 수 있도록 허락, 허용된 시간이 영원하다고 생각한다 인생의 시간이 그렇듯이 공부할 수 있는 시간도 모두 다 때가 있으며 한계가 있습니다. 인간은 시간 제한적인 존재입니다. 영원히 살 수 없습니다. 그런데도 무제한의 시간이 있는 것으로 착각하는 경우가 많습니다.

컴퓨터 게임을 보더라도 일정 시간 내에 성공해서 최종 단계stage로 진행하지 못하면 '게임 오버'라는 글자가 화면에 나옵니다. 제한 시간 내에 주어진 과제를 하지 못했으니 게임이 끝났다는 것입니다. 아무리 성현들이 '소년이로少年易老 학난성學難成 일촌광음一寸光陰 불가경不可經 : 소년은 늙기 쉬우나 학문은 이루기 어렵다' 하며 짧은 시간이라도 가볍게 여기지 말라고 이야기해 주어도 어리석은 인간은 영원히 사는 것으로, 공부도 아무 때나 천천히 할 수 있는 것으로 착각합니다. 그로 인해서 분발심이나 필수적인 초조감이 없고 마냥 나태하고 게으르고 무감각하고 불안하지 않은 무사태평한 상태의 바보가 되어 나갑니다.

삶이란 제한적인 시간을 가지므로 아름답고, 슬프며, 감동적입니

우리 아이 성적이 올랐어요

다. 영원히 사는 조화造花에서 우리는 무엇을 느낍니까? 시간 제한적 존재! 한시적 존재! 그것이 우리의 삶이요, 인생입니다.

지금 안 하면 나중에도 대충 살 수 있는 것이 아니며 더 큰 고통이 기다린다는 것을 모른다

대충 살면서 대충 놀면서 대충 공부해서 살 수만 있다면 누구라도 그러지 않겠습니까? 세상의 모든 일은 미리미리 조금씩 준비해야 하고 하나가 어긋나면 나중에 더 어려운 일들이 발생합니다. 한강에 홍수가 나서 진흙이 도로에 넘치게 되면 굳기 전에 바로 치워야지, 한번 굳은 진흙은 치우는 데 몇 배의 힘이 든다고 합니다.

문제가 생겨도 초기에는 고치기가 쉬우나 시간이 지날수록 개선하기가 힘듭니다. 때에 맞추어 개선, 조정, 노력, 발전하지 않으면(외형적 발전이든, 내면적 발전이든) 이자에 이자를 치는 빚잔치처럼 더 힘든 결과를 빚게 됩니다.

한번 몰리기 시작하면 계속 어려운 상태에 빠지게 됩니다. 그것도 고통과 함께 말입니다.

스스로 공부를 못 하거나, 안 하는 그 사실 자체를 부정하거나 왜곡하거나 자기 스스로를 속입니다.

'나는 공부 못 하는 것이 아니다. 나는 할 수 있다. 나는 못 해도 된다. 나는 그 외의 다른 것을 잘한다. 공부만이 인생 전부가 아니다. 나중에 조금만 하면 따라갈 수 있다. 공부하기 싫은 것이 아니다. 컨디션이 나쁘다. 현재 일시적인 슬럼프이다. 친구 문제가 더 급하다. 더워서 또는 추워서 못 하겠다. 열이 받지 않는 경우에 공부하겠다. 집이 조용해야 공부할 수 있다…'

이렇게 공부를 안 하는 것에는 모두 이유가 있습니다. '나는 망해가고 있지 않다. 모든 것은 부모의 잔소리, 선생님의 잔소리에 불과하다. 공부할 시간이 없다. 피로하다. 노력해도 되지 않는다. 노력해도 성적이 안 오른다. 노력만이 살길이라고 말로만 한다. 공부 잘하는 놈은 따로 있다. 나는 머리가 나쁘다. 나는 해도 안 된다. 어떻게 되겠지. 일이 풀릴 것이야.'라고 생각합니다.

우선 성적이 상당히 부진한데도 그 사실을 인정하지 않고 괜찮은 것으로 생각하는 경향이 있습니다. 엄연히 있는 사실을 없다고 하거나 있어도 조금만 있다고 하는 식입니다. 항상 문제를 최소화해서 사이비 긍정 마인드를 갖게 됩니다. 사실 객관적으로 자기 상태를 바라보고 그것을 인정한다는 것은 매우 괴롭고 마음 아픈 일입니다.

'나는 할 수 있다' 이 말은 여러 사람에게 격려의 표본으로 그리고 자신감 함양의 모델로 사용됩니다. 그러나 실제 어느 정도 가능한 범위에 들어가 있는 사람이 조금 더 분발하기 위해, 또는 일시적 좌절을 극복하는 데 필요한 것이지, 준비도 안 하고 기초 능력도 만들지 않은 사람에게 이 말은 거의 망상이나 착각에 가깝습니다.

'나는 할 수 있다'는 말도 할 자격이 있는 사람이 있습니다. 막연히 나는 할 수 있다고 주장하는 사람은 일반적으로는 자기 속임수에 불과합니다. 사실 공부나 일을 해 보면 이 일이 될지 안 될지 고민되고 고통이 발생하며 초조해지고, 불안해지기까지 합니다. 분발하는 가운데 나는 할 수 있다고 자기 격려를 하는 것이지, 앵무새처럼 나는 할 수 있다고 하거나 막연히 되겠지 하는 생각은 아예 일이 되기 위한 시작 과정조차 실행하지 못한 상태입니다. 막연하게 '할 수 있다'는 말은 자기를 속이는 또 하나의 거짓말입니다.

'나는 조금만 하면 따라갈 수 있다' 나보다 앞선 학생을 따라간다는 것은 생각보다 힘들고 고통스러운 과정입니다. 군대에서 똑같이 행군해도, 앞에서는 천천히 여유 있게 걸어도, 뒤쪽은 이상하게도 헉

혁대면서 계속 걷게 되고 조금만 늦어져도 아주 뒤떨어져 버립니다. 조금만 하면 따라갈 수 있다는 것은 착각입니다. 뒤에서 걷는 것은 3~4배 이상 힘들고 그 거리를 좁히기 위해서는 지속해서 참고 애써야 가능합니다. 조금만 하면 따라갈 수 있는 것이 아니라 상당히 죽기 살기로 열심히 해야 뒤에 따라붙을 수 있습니다. 그러나 스스로는 사태를 낙관적으로 보는 경향이 있습니다. 그래야 내가 괴롭지 않으니까요. 그러나 이 착각을 빨리 깨야 합니다. 착각은 자신의 사태의 객관적인 인식을 가로막기 때문입니다.

'나는 공부 이외의 것을 잘한다'　　물론 공부 이외의 것을 잘하는 학생도 있습니다. 단순 교과목 외에 자기 재능에 맞는 스포츠, 예술, 과학, 문학과 같은 다른 영역이 강한 학생이 있습니다. 그러나 이 경우는 소수이고, 대부분 공부 이외의 것을 잘한다는 경우는 세상에서 공인하지 않은 비공식적 항목들, 즉 축구 선수는 아니면서 동네 골목에서 축구 잘하기, 돈벌이가 되지 않는 예술가, 친구 몇 명과 비교할 때 노래방에서 노래 잘하기, 문학에 관심이 많다고 하지만 책을 안 읽는 친구 그룹 중에서 몇 권의 유식한 책을 읽어서 개똥 철학자인 양 스스로 생각하는 것뿐입니다. 정식 스포츠 선수로 성공하려면 단순히 공부해서 성적 따는 것의 수십 배 이상의 인내와 고통, 노력이 필요합니다. 생각해 보세요. 국가 대표 한 자리를 놓고 얼마나 어려운 경쟁과 선발 과정이 있습니까? 우리가 보지 못하는 피와 눈물

　　　　　　　우리 아이 성적이 올랐어요

은 또 얼마나 많겠습니까? 생각해 보세요. 수영 선수가 추운 겨울 새벽에 연습하기 위해 차가운 물에 들어가는 과정을, 그 더운 여름날 비 오듯 떨어지는 땀을 훔쳐내며 좋지 않은 시설에서 이를 깨물고 연습해 가는 자기와의 싸움 과정들을…

공부를 잘하는 원리와 이치는 다른 것을 잘하는 원리와 내용은 다를지라도 근본은 같습니다. 편하게 책상에 앉아서 참고 노력하는 것이 그중에서 가장 쉬운 것이지 몸을 쓰고 던지고 애를 쓰는 것은 얼마나 어렵겠습니까? 공부는 씨 뿌리면 어느 정도의 수확이 나오는 합리적 과정입니다. 그래서 어른들이 세상 모든 것이 쉽지는 않지만, 그래도 그중에서는 공부하는 것이 쉬운 편이라고 말씀합니다.

'노력해도 되지 않는다' 첫째, 노력을 노력답게 하지 않고 스스로는 노력을 많이 했다고 생각합니다. 운동장 2~3바퀴 뛰어 놓고는 마치 42.195km를 뛴 것으로 착각하여 공부의 노동 강도가 절대적으로 부족한데도 스스로 '모자라다'라는 생각은 하지 않고, '이 정도 노력했으니 당연히 좋은 성적이 나와야 하는 것 아니냐'는 식으로 생각하여 노력해도 소용없다고 투정을 부립니다.

둘째, 엉뚱한 노력을 하거나 요령 없는 노력을 온 힘을 다해 하고는 결과가 나오지 않는다고 호소하는 경우입니다. 공부에 도움이 되는 노력을 하지 않고 단지 책상에서 오래 버티기나 오래 앉아 있기로 기록을 경신했지, 사실 실제적인 공부는 별로 이루어지지 않은 경우입니다. 혹은 콩이 필요한데 팥을 찾거나 팥이 필요한데 콩을 찾은 경우입니다. 위와 같은 방식으로 노력 아닌 노력을 하고 결과가 나오지 않는다고 불평하거나 혹은 좌절해 버립니다. 수영하는데 팔다리를 힘차게 젓지 않고 몸이 앞으로 나갈 수 있을까요? 잘못되고 이상한 방법으로 수영해 놓고는 힘만 들고 생각만큼 몸이 앞으로 나아가지 못한다고 불평합니다.

'공부 잘하는 사람은 따로 있다. 나는 머리가 나쁘다' 물론, 100에 하나 1,000에 하나 공부를 유난히 잘하는 학생이 있습니다. 농구 천재 마이클 조던은 농구 선수 중에서 수백만 중의 하나일 것입니다. 그러나 이런 경우는 타고난 경우이고, 그저 10명 중 상위 1~2명의 수준으로 공부하라는 것이지 1,000명에 1명, 수백만 명의 단 한 명이 되라는 것이 아닙니다. 보통 그룹에서 수, 우 정도는 10명에 1~2명 이내에 들어가면 되는 것입니다. 이는 누구나 제대로 된 방식으로 노력하면 불가능한 어려운 목표가 아닙니다. 이 정도를 하는 데 타고난 머리가 필요할까요? 또 그들은 태어날 때부터 선천적으로 많이 머리가 좋을까요? 반복하여 갈고 닦으면 웬만큼 우수해지는 것이 사람의 머리입니다. 자신의 노력 부족, 혹은 잘못된 공부 방식을 외면하고서 공부 잘하는 친구는 따로 있다든지 나는 머리가 나쁘다든지 같은 공연한 핑계를 대지 말아야 합니다.

'어떻게 되겠지. 시간이 지나가면 풀릴 거야' 이렇게 막연히 소위 희망적으로 또는 긍정적(?)으로 생각하는 학생들이 있습니다. 어떻게 시간이 지나가기만 하면 저절로 돌이 날아와서 탑을 쌓을 수 있는 것일까요? 수십 년 아니 수백 년을 기다려도 돌이 날아와서 저절로 탑이 쌓일 일은 없을 것입니다. 제대로 돌을 날라서 각도에 맞추어 인위적인 노력을 해야 탑을 쌓을 수 있지 우연으로 혹은 시간이 지나간다고 탑을 쌓을 수는 없습니다. 이런 학생은 스스로를 위로, 위안하고 자신을 속이면서 합리화시키는 것입니다.

'공부만이 인생의 전부가 아니다' 앞에서도 이야기했지만, 이 말은 공부를 잘해서 일정 수준 이상의 단계에 올라 있거나, 단순 공부 이외에 다른 영역을 이미 잘하거나 잘할 가능성이 있는 사람에게만 적용되는 말입니다. 기본이 제대로 닦여 있지 않은 단계의 학생은 앞으로 학자가 되든, 사업을 하든 예술을 하든, 우선은 공부를 잘하거나 잘할 수 있는 성실, 인내, 근면 등의 태도가 무조건 필요합니다. 이것은 선택이 아니라 필수입니다. 따라서 공부만이 인생 전부가 아니라고 주장하려면 다른 부분에 일가견을 가지고 있거나 능력이 현재 혹은 미래에 확실히 보장될 수 있는 사람이라야 합니다. 일반적인 학생들에게 공부는 인생 전부라 할 수 있으며 특히 공부해 나가는 자세, 태도는 더욱더 필수적이라고 할 수 있습니다.

'나는 공부에 관심이 없다' 공부에 관심이 없다면, 그러면 무엇에 관심이 있다는 말일까요? 공부에 대해서는 자신이 관심이 있고 없고를 선택할 수 있는 것이 아닙니다. 마치 하늘에서 준 삶을 내가 마음대로 어찌할 수 없는 것과 같습니다. 공부에 대한 관심, 혹은 적어도 공부하는 태도, 자세에 대한 관심은 선택이 아닌 필수입니다. 공연히 자신의 실패, 열등감을 적당히 합리화하여 괴로움에서 벗어나려고 하는 자기기만에 빠져서는 안 됩니다. 오히려 부정적인 결과에 대해 괴로워하는 학생은 미래에 성공의 가능성이 생기거나 설사 성적이 부진했어도 인생의 교훈을 얻고 나중에 정말 자신이 선택하여 마음이 끌리는 분야에서 성공할 수 있습니다.

성적 부진 상태의 자녀를 둔 부모들의 오류들

공부 못하는 것은 학생의 문제도 있지만, 부모에게도 문제가 있는 것은 아닌지 돌아볼 필요가 있습니다. 자녀가 공부를 못하면 부모 입장에서 자녀의 공부법을 분석하고 좋은 선생님도 알아보는 등의 여러 가지 노력을 합니다.

그러나 실제로는 부모의 문제 때문에 학생의 성적이 떨어지는 경우도 있으므로 이를 계기로 부모가 스스로 돌아볼 필요가 있습니다.

부모가 자식의 눈높이에서 바라보는 것이 아니라 자기 방식대로 바라본다　　특히 부모가 공부 잘해서 성공적으로 대학을 간 사람들은 '그까짓 공부하는 것 뭐가 어렵다고 그래?', '나는 공부가 세상에서 제일 쉽더라', '그까짓 것 뭐 어렵다고 엄살이냐?'라고 생각하는 경향이 강합니다. 이러한 부모들은 일반적으로 사람은 당연히 공부를 잘하며 약간 노력만 해도 어느 정도 잘할 수 있으니 공부가 어렵다고 이야기하는 것은 정말 이해할 수 없는 이상한 일이라고 생각합니다. 부모는 학생들이 공부하기가 얼마나 어려운지를 잊어버렸고 또 그 과정이 얼마나 힘들고 지루한 과정의 반복인지를 잊어버렸습니다. 그러나 이러한 부모들도 자신이 새롭게 컴퓨터를 배우거나 자동차 운전 혹은 수영, 골프, 테니스 등의 새로운 운동을 배울 때 생각대로 그렇게 쉽게 되지 않는다며 어려워할 것이고 헤맬 것입니다.

반면에 일부 부모는 자기가 공부를 안 해 보았으므로 어떻게 공부를 해 나가는지 감이 없습니다. 그래서 일방적으로 재촉하고 황당하게 서둘러서 몇 달 만에 성적이 쑥쑥 올라가기를 바랍니다. 혹자는 반대로 나태하고 느슨한 아이가 겨우 공부 1~2시간 하는 것도 얼마나 힘들까 어려울까 하면서 적당한 재촉, 독려하지 못합니다. 그래서 공부는 마냥 느슨하게 하는 것으로 알기 쉽습니다.

부모 자신도 한글 철자를 배울 때부터 수학 문제 풀이까지 여러 번의 시행착오와 반복을 통해 현재 익숙해진 단계에 도달한 것을 망각하고, 한두 번의 시행만으로 자녀가 익숙해지고 능숙해지기를 기대하고 서두릅니다. 우리가 자동차 운전을 처음 배울 때 얼마나 진땀을 흘리고 어려워했으며 주차할 때도 얼마나 힘들었던가를 생각해 보십시오. 물론 그 기간 이후에 조금씩 익숙해져서 이제는 아주 좁은 공간에서도 주차할 수 있는 수준에 도달하였지만요.

  결국, 사람은 자기 관점에서 자기 수준에서 자기 관점에서 자기의 개념에서 자신의 고정관념 속에서 사태를 바라볼 수밖에 없으나, 의식적으로 자녀 쪽에서 무엇이 힘들까, 무엇이 쉬울까 생각해 보려는 노력을, 즉 자녀들의 입장과 눈높이에서 사태를 바라보고자 노력해서 의도적으로라도 중용적인 처지를 생각해 보는 것이 중요합니다.

부모 자신의 한풀이나 자기 보상 심리로서 자녀의 공부를 강요한다

모든 부모는 자신의 자녀가 건강하고 공부 잘하고 성공하기를 갈망하고 소원합니다. 그러나 우리 부모의 이런 보편적인 갈망, 소망 뒤에는 자식 자체에 대한 사랑 외에도 부모 자신의 열등감, 못 배운 것에 대한 한恨, 괴로움, 슬픔 등이 일부 깔리게 됩니다. 즉, 자식에 대한 순수한 성공 기대보다도 사실 부모 자신의 한에 대한 보상 심리나 아이를 통한 대리 실현의 욕구가 강하게 내재해 있습니다.

  인간인 이상 이런 요소가 전혀 없을 수는 없지만, 일부 경우에는 이런 요소가 대부분을 차지하여 자녀의 발전을 위한 공부인지, 그 자녀의 소유주인 부모의 대리 욕망 실현을 위한 공부인지 주객이 전도된 경우도 많습니다. 특히 입지전적인 음악가, 예술가, 스포츠맨, 학자 등의 배후에는 이를 키워낸 의지의 한국인 부모들이 있어서 모든 사람의 칭송과 부러움을 한몸에 받는 경우가 있습니다. 그래서 사람들은 그것을 보면서 '나도 저렇게 훌륭한 부모가 되어야지.'라고 생각하고 각오를 다지게 됩니다. 결국, 억척과 극성, 끝없는 정성의 대열이 시작됩니다.

그러나 그 배후의 힘은 사실 부모의 자기 욕망의 대리 실현입니다. 자녀는 극단적으로 말해 리모트 컨트롤되는 장난감 인형입니다. 자신의 욕망이라기보다는 부모의 욕망이 투사된 대리물이라고 생각할 수 있는 것입니다. 이 자녀가 자신의 욕구라고 이야기하는 내용은 사실 그 부모에 의해 만들어지고 일방적으로 주입된 내용입니다. 본인은 그것을 모르고 본인의 욕망인 줄 알고 앵무새처럼 이야기합니다. 또한, 주위로부터의 인정, 선망, 부러움을 받으므로 그 내용을 인식하기는 너무나 어렵습니다. 그래서 소위 성공한 이후에 잘못된 결혼, 본인의 우울증, 부부간의 불화 등을 겪기도 합니다. 남들은 계속 그들의 성공을 칭송하지만, 그들 자신은 행복으로 나아가지 못하고 불행하게 되는 황당한 결과를 맞는 것입니다. 결국, 이 자녀는 자기의 것이 아닌 교묘하게 투여된 부모의 욕망을 대리 실현하느라고 자기를 잃어버리고, 진이 빠지고 그러는 가운데에서 주위의 갈채에 속아서 결국 스스로는 불행해집니다. 아무리 의식적으로 부정해도 자신의 무의식은 그것을 알고 있기 때문이라고 할 수 있습니다.

마찬가지로 부모의 일방적 욕망의 투사로서의 공부, 성적, 학벌은 그 시작부터 문제가 발생합니다.

예를 들어 자녀의 거부나 묘한 저항으로 나타나서 학습의 효율성이 떨어지며 마음속에는 자신의 공부를 해 나간다는 생각보다도 부모를 위해 공부해 준다는 태도가 생기게 됩니다. 따라서 자신의 공부가 아닌 남의 공부를 해 주는 꼴이 되니 그것이 잘 될 리가 없습니다. 설사 부모의 지시에 순응하여 좋은 대학을 간다 해도 그다음에는 반항하기, 딴짓하기, 수동적으로 살기 등으로 나타나서 결국은 잘 발전해 나가지 못합니다. 일반적으로 부모의 욕망이 지나치게 투여되면(물론 교육 자체가 어느 정도 부모의 욕망이 투여되는 것이지만), 자녀는 피동성, 수동성의 덫에 빠짐과 더불어 자기가 주인이 되어 자신의 방향을 선택하지 못하는 과정에 빠지게 됩니다.

잘 공부해 나가던 아이가 갑자기 공부를 안 하고 거부하는 경우, 삐딱하게 반항하는 경우, 모범생으로 보이던 아이가 갑자기 반대적인 양상을 나타내는 경우는 대개 이러한 경우가 많습니다. 심하게는 박사 학위를 마치고 나서 황당한 결혼이나 황당한 직업 선택 등의 부모가 가장 싫어하고 원치 않는 선택과 행동을 하여 부모 속을 썩이면서 부모에게 무의식적 복수(?)를 하는 경우도 종종 있습니다. 양쪽에게 커다란 상처를 주게 되는 이 불행의 시나리오는 언제나 어디에서나 계속 발생하고 있는 인간사의 문제라고 할 수 있습니다. 결과가 나쁠 때 아이가 아파하는 것이 아니라 부모가 몸살 나고 끙끙 앓는 것은 부모의 지극한 사랑일까요? 아니면 자식을 통한 자기 욕망 실현의 좌절에서 오는 것일까요?

무제한의 지나친 허용, 지나친 무규제를 자녀 사랑으로 착각한다

어리고 미성숙할수록 적당한 규제와 적당한 허용이 꼭 필요합니다. 하지만 일부 부모들은 자신의 나약한 심성(마음이 여리고 타인에게 직선적 이야기를 하지 못함)으로 인해 공부를 제대로 안 하거나 못하는 자녀에게 따끔한 지적을 하지 못하고 이것을 민주적 교육 태도라고, 권위주의적 교육 태도에 대한 비판적 설명을 하면서 스스로를 합리화합니다. 이런 부모들은 사실 자신을 허용적, 민주적, 자유주의적이라고 주장하지만, 내면을 보면 싫은 소리를 하기 싫어하기, 직면하기 싫어하기, 직면할 때 생기는 마음의 거북하고 싫은 느낌들을 피하기 등으로 구성되어 있습니다.

자녀에게는 때때로의 지적과 규제가 필요한데, 그렇지 않을 경우 마치 가지치기 전혀 안 한 나무처럼 멋대로 그냥 자연 그대로 자라나 버리는 결과를 낳습니다. 줄기가 튼튼하지 않고 많은 곁가지로 인해 나무의 멋과 강건함과 아름다움이 없거나 손을 전혀 대지 않은 조잡한 상태의 얼치기 나무로 성장해 버리는 것입니다.

공부의 기본이 되는 기본 질서 지키기, 하고 싶은 것을 참아 보기, 하기 싫은 것도 해 보기, 답답하고 갑갑한 것도 견디어 내기 등을 어떻게 규제와 지적 없이 어린 자녀가 해낼 수 있다는 말입니까? 성인도 스스로 절제하기, 흡연이나 음주하지 않기, 매일 운동 조금씩 하기, 등산 가기 등도 하기가 힘든 판국에 아이들이 무슨 수로 자기 규제와 자기 조절을 할 수 있다는 말입니까?

　물론 적절한 정도의 자기 규제와 절제는 익숙한 사람에게는 쉬운 일이지만, 보통 학생들에게는 몹시 어렵습니다. 운전 시 적절하게 가속기를 밟는다고 하지만 익숙해지면 쉬운 일이나 익숙해지기 전에는 매우 힘든 일인 것과 마찬가지입니다. 또 부모 자신은 적절하다고 스스로 믿어 의심치 않는다 하더라도 객관적으로는 부적절한 경우가 더 많습니다. 이는 마치 상식이 배우기 쉽고, 세상 어디에나 상식이 흔히 있는 것 같으나 실제는 상식을 실행하기는 어렵고 또 상식적인 세상은 매우 드문 것과 마찬가지입니다.

　학생이 스스로 자기 발전을 위하여 계속 자신을 관찰해 나가기 어려운 것처럼 부모도 언뜻 보면 정성을 다하는 것 같으나 자녀처럼 문제점을 잊어버리기, 망각하기로 들어가게 됩니다.

　사실 부모가 자녀와 함께 공부하기 위해 같이 느끼고 호흡하고 관찰하고 궁리하는 시간은 하루 24시간 중 몇십 분도 되지 않습니다. 부모 자신은 온종일, 대부분을 또 전 인생을 자녀를 걱정하고 자녀

우리 아이 성적이 올랐어요

의 장래를 위해 애쓴다고 생각하지만, 실제 진짜 관찰을 하면서 도움이 되는 정리를 하는 시간은 극히 짧습니다. 왜냐하면, 항상 정신을 차리고 무엇을 주시하거나 관찰하거나 바라보고 있다는 것은 참 어려운 일이기 때문입니다.

그래서 보통 부모들도 자식 밥만 해 먹이고는 실제 학습은 학교와 학원에 그냥 맡겨 버리고 차만 태워 주는 역할을 합니다. 물론 실제 공부 내용은 학생 본인과 선생이 하는 것이지만, 그것이 제대로 진행되는지 일정 기간 후 제대로 결과가 나오는지, 어떤 점이 학습의 효율성을 떨어뜨리는지 부모가 간과하고 있는 점은 없는지, 자녀가 살짝살짝 거짓말을 하고 있는지, 학원, 학교 시스템은 제대로 작동하는지 살펴보아야 합니다. 마치 음식점 주인이 직접 조리를 하지는 않아도 주방장의 일하는 내용을 꿰뚫고 있어야 음식점이 유지되듯이 부모가 내용을 파악하고 꿰뚫고 있어야 합니다.

누구나 어려움이나 답답함에서 쉽게 벗어나기 원합니다. 따라서 자녀 성적 문제도 고민하는 듯하지만, 지속해서 관찰하고 바라보는 것이 아니라 바로 마음 편한 상태로 처리해 버리므로 그 추진력을 잃고 맙니다. 같이 답답해하고 같이 어려워하고 같이 관찰해 나가고 같이 분투해 나가야 하는데 어린 자녀에게만 그냥 학원이나 과외에만 맡겨 버리면 자녀가 무슨 수로 목표를 찾아서 높은 산에 올라갈 수 있겠습니까?

부모 자신이 자식이 공부해 나가는 것을 막고 방해할 수 있다는 사실을 모른다 자식이 공부 잘해 나가는 것을 싫어할 부모가 어디 있을까 생각할 수 있지만, 많은 경우에 알게 모르게, 혹은 전혀 모르고 스스로가 자녀의 앞길을 막는 경우가 생깁니다. 그러한 예는 아래와 같이 다양합니다.

지나친 잔소리하기, 기다리지 못하고 조급해하기, 사사건건 개입하기, 부모의 불안이나 울화로 일관된 태도를 보이지 못하기, 부모의 단순한 생각으로 자녀를 단순하게 만들기, 부모들의 갈등과 불화로 자녀들의 마음을 우울하게 만들기, 부모의 미숙한 행동으로 자녀가 성숙하게 되는 롤모델이 없을 때, 막연히 낙관적인 생각만 하여 긴장을 느끼지 못하게 하기 등이 있습니다.

어느 부모를 보면 그저 자녀에 대한 사랑이라는 이름으로 가만히 있는 아이에게 밥을 먹지 않는다고 입에 밥을 퍼서 넣어 주기까지 하고, 아이가 가만히 있어도 온갖 좋은 것을 모두 쏟아 부어 줍니다. 사랑이라는 핑계로 보약이 되는지 독약이 되는지도 모르고 마치 고기반찬이 좋다고 하면 모두 그냥 온갖 노력 다해서 자식에게 바쳐 올립니다. 아이가 공부를 안 하면 안 하는 요인을 알아서 격려, 지적, 훈육, 비판 모두를 적절히 제공해야 하는데도 불구하고, 무조건 아이를 격려한다고 한 번도 질책하지 않고 그저 정성으로만 키워서 아이는 점점 무능력해지고, 무기력해지고, 버르장머리가 없어지고, 고마운 줄 전혀 모르는 바보 상태가 되어 버립니다. 엄마의 치마폭 속에서 마마보이가 되고, 스스로는 결정이나 판단할 줄 모를 뿐 아니라 스스로는 시작도 전혀 하지 않고, 나중에는 능력이 모자라서 시작할 수도 없는 상태가 되어 버립니다. 어릴 때부터 넘어질까 봐 걸어갈 곳의 조그만 돌도 다 치워 주는 정도이니 아이가 실제로 조그만 돌만 나타나도 걸려서 넘어질 뿐 아니라, 조그만 돌도 없는데 자기 짐작으로 놀라서 넘어지고 말게 되는 경우를 초래하게 됩니다. 그 상태에서 실제 바위 돌도 있고 계곡도 있는 산을 어떻게 올라갑니까? 결국, 계속 엄마, 아빠가 뒤를 쫓아가면서 보호하고 대신해 주어야 하고 부모가 없으면 간단한 일도 하나 못하는 무능력자가 되어버립니다.

그런 부모는 자식이 나 없으면 아무것도 못 한다는 것에 대해 조금씩 답답해하면서도 부모인 내가 자식에게 꼭 필요한 존재라는 뿌듯한 느낌, 자식이 내가 필요하고 나의 존재를 인정하는 데서 자긍심을 갖습니다. 이렇게 스스로가 뿌듯하고 자랑스럽다는 느낌까지 들면서 계속 자녀를 바보 상태로 만들고, 결국 결혼 후에도 계속 뒤를 봐 주는 것으로 보람을 느끼면서 자식을 망치는 맹목적 사랑형의 부모가 있습니다. 엄마가 이런 식이라면 한편 아버지는 무조건 돕지 말라고 윽박지르기 일쑤입니다. 실제로 자녀가 현재로써는 스스로 문제 해결 능력이 없어서 도와주고 나중에 능력이 생기면 손을 떼야 하는데 이미 무능력해진 자녀에 대해 무조건 내버려두라고만 윽박지릅니다. 반면 엄마는 아버지와는 다르게 자녀를 도우려고 하지만 손을 뗄 때 떼지 않고 그냥 장기적으로 끝없이 계속 끌어안고 놓지를 못해 자녀를 마마보이, 마마걸로 만드는 것입니다.

성적 부진에 대처하는
학생들의 유형

인생은 파도타기와 같다는 말이 있듯이 삶에는 아무 문제 없이 평탄할 때도 있지만, 위기 상황이 다가오기도 합니다. 어린 학생들이라고 해서 다르지 않습니다. 아직 삶이 다양하지 않고 경험이 적기 때문에 주로 공부나 친구 관계에서 위기 상황이 발생하며 그것에 대처하는 패턴에 따라 몇 가지로 구분해 볼 수 있습니다.

우리 아이는 과연 어느 유형에 해당할까요?

현실 무대 현장에서 퇴장하는 유형　　현실을 무대에 비유한다면, 무대에서 퇴장해 버리는 유형입니다. 머릿속으로는 공부해야 한다는 것은 알고 있지만, 공부할 에너지가 없고 몸이 아프거나 기운이 없어서 공부하지 못하는 유형이라고 할 수 있습니다. 나름대로 고민하면서 괴로워하기도 하지만, 아예 고민도 하지 않고 그냥 공부해야 한다는 생각 자체를 하지 않는 유형이기도 합니다. 어떻게 보면 굉장히 낙천적으로 보일 만큼 공부에 대해 스트레스를 받지 않는 것처럼 보이나 사실은 현실을 무시하고 도피하려는 유형이라고 할 수 있습니다.

걱정하고 있으나 실제로는 노력이 불가능한 유형

고민도 많고 걱정도 많이 하고 책상 앞에 앉아 있는 시간은 많지만, 효율성이 전혀 없는 경우입니다. 책상에 앉아서도 공부에 집중하고 실행하기보다는 '과연 시험 진도까지 볼 수 있을까', '내 성적이 올라갈까?' 이런 식으로 불필요한 고민과 걱정을 하느라 에너지 대부분을 소모하는, 온갖 잡념과 불안에 떨면서 앉아 있기만 하는 유형입니다. 또는 머리가 멍해지거나 두통, 소화 장애, 관절통, 갑상선 등 몸이 아파서 도저히 공부에 집중할 수 없는 상황이 발생하기도 합니다. 이런 것은 경쟁에서 뒤처져서 다시 경쟁할 의욕이 발생하지 않고 목표도 달성하기 어렵다는 절망감에 우울감이나 몸에 이상이 생기는 것일 수도 있습니다.

에너지를 소모하지 못하고 엉뚱한 곳으로 발산하는 유형

에너지를 엉뚱한 곳으로 발산하는 유형입니다. 학생이 공부를 잘하려면 일정한 에너지가 필요하고 다른 곳으로 새지 않도록 하는 집중력이 필요한데, 이 유형은 그 에너지를 공부가 아닌 엉뚱한 곳으로 낭비하는 유형입니다. 가장 대표적인 사례로 컴퓨터 게임이나 판타지 소설, 스마트폰에 몰입하는 경우가 있습니다. 자신의 취미 생활, 즉 만화나 영화, 인터넷 게임, 운동 등에 광적으로 몰입하고 마니아의 경지까지 스스로 공부해서 그 분야는 훤히 꿰뚫을 수 있는 전문가 수준에 도달한 경우입니다. 부모의 입장에서는 그 정도의 집중력을 공부에 쏟았으면 하는 바람을 가지고 있지만, 이런 유형일수록 자신이 좋아하는 일에만 집중하고 싫어하는 것은 죽어도 하지 못하는 경우가 많습니다.

계속 자기합리화를 하는 유형

개똥 철학자처럼 자신이 해야 할 공부는 노력하지 않고 문화나 철학 등으로 자기 합리화를 하는 유형입니다. 특히 학교를 중퇴하고 성공한 연예인이나 사업가를 예를 들면서 자신도 그렇게 살 수 있다고 믿거나 한국의 교육 제도가 문제가 많아서 자신은 이러한 환경 때문에 전혀 공부할 수도, 할 의미도 없다는 등 부분적인 이유를 말하면서 진지한 학습 태도를 보이지 않는 유형을 말합니다. 또한, 인생은 공부만이 전부가 아니고 공부 열심히 한다고 꼭 성공하는 것도 아니라는 등의 일부 논리를 마치 전체적인 것으로 주장하기도 합니다.

크고 작은 말썽을 부리는 유형

크고 작은 여러 가지 말썽을 부리는 유형입니다. 하라는 공부는 안 하고 사건, 사고를 일으키면서 말썽을 피우는 그룹으로서 대다수 학교에서 비행 또는 비행에 따르는 말썽을 계속 저지르는 학생들입니다. 공부를 안 하니 에너지가 남게 되어 그 에너지를 부모나 학교에 대한 반항이나 말썽 피우기, 사고 치기 등으로 쌓여 있는 울화와 분노를 통해 분출하는 것입니다. 중학생, 고등학생들의 가출, 절도, 오토바이 타기, 폭주족에서부터 친구 돈 뜯기, 사소한 물건 훔치기, 부모에게 거짓말하기 등이 모두 이 유형에 해당합니다.

선생님이나 부모 등에게 반항, 저항하는 유형

선생님, 부모, 학교 규칙에 계속 저항하고 반항하고 비판하면서 자신의 에너지를 해소하는 유형이라고 할 수 있습니다. 엄연히 사회적 규칙이나 질서가 있는데 자신만의 논리나 궤변으로 그 규칙을 비판하고 외면하면서 불필요한 곳에 에너지를 사용하는 유형입니다. 순수하게 윗사람의 조언이나 충고를 받아들이지 않고 일단 마음속으로 거부부터 하여 학습의 영역으로 진입하기 어려운 유형을 말합니다.

공부 목표 없이 주변적인 일에 관심을 쏟는 유형

공부에 주된 관심을 두지 않고 사소한 일상과 사건에 지속해서 딴청을 피우는 경우입니다. 위의 유형보다는 사소하게 말썽을 부리거나 스마트폰이나 인터넷 게임을 하면서 하루 대부분의 시간을 보냅니다. 이성 친구를 사귀거나 친구들과 지나치게 어울려 다니면서 주 관심은 친구들과의 놀이 문화와 친구들끼리 인정받기, 또래 그룹 형성하기에만 있다 보니 학습에는 관심이 없는 유형을 말합니다.

성적이 오르지 않는 것에 대한 진정한 고민이 없다 성적이 오르지 않는 것을 막연하게 걱정하는 학생은 많지만, 진심으로 괴로움을 느끼고 슬퍼하는 학생은 거의 없습니다. 성적이 오르지 않는 것을 진정으로 슬퍼하고 답답해하고 심려해야 합니다. 그래야만 성적이 오르고 성과가 나오기 시작합니다.

원하는 성적을 얻지 못하는 학생들 대부분의 마음속 깊은 곳을 들여다보면 '행복은 성적순이 아니다.'라거나 '성적이 나빠서 좋은 대학에 가지 못하더라도 나에게 다른 기회가 있을 것이다.'라고 생각하고 있습니다. 성적이 잘 나온다는 것은 단지 머리가 좋고 공부를 잘한다는 것만을 의미하는 것이 아니라, 그 학생의 자기 관리, 마음 관리, 시간 관리, 대인 관계, 실행 능력, 목표 추진력, 자기 극복 등의 모든 전반적인 능력에 관한 평가이기도 합니다. 그래서 성적이 나쁘다는 것은 그 학생의 앞으로의 삶이 어떠하리라는 것을 미리 경고해주는 신호이기도 합니다. 자신의 미래를 조금만 깊이 생각해 보면 좋은 성적을 통해 남보다 좋은 위치를 확보해야 한다는 결론 이외에는 답이 없다는 것을 알게 됩니다. 그래서 성적이 오르지 않는 것을 진심으로 염려하고 분하게 생각하는 것이 중요합니다. 성적이 나쁜데도

우리 아이 성적이 올랐어요

상관없다고 생각하거나 멍하게 아무런 문제의식이 없거나 심지어 명랑하므로 성적이 나쁜 것입니다.

착각 속에 살고 있다 대부분의 학생들은 자신이 마음만 먹으면 공부를 잘할 수 있으며, 공부를 못하는 원인은 자신이 진짜 마음을 먹지 않았기 때문이라고 생각합니다. 하지만 이것은 착각 중의 착각에 불과합니다. 공부는 머리로 하는 것이 아니라 엉덩이로 하는 것입니다. 공부하는 습관은 장기간에 걸쳐서 형성되기 때문에 대입 1~2년 전에 마음을 먹는다고 해결될 문제가 아닙니다. 아무리 머리가 좋다고 해도 이미 초등학교 말, 중학교 초반 때부터 착실하게 기본기를 쌓아온 우수한 학생들을 따라잡기 위해서는 매 순간 공부에 몰입하는 시간을 보내야만 합니다.

먹히지 않던 마음이 시간이 지난다고 해서 변화하는 것이 아닙니다. 자신이 마음만 먹으면 무엇이든지 할 수 있다는 유아적인 착각에서 하루빨리 벗어나지 못하는 한, 성적 향상이라는 결과는 절대로 찾아오지 않습니다.

나 자신을 믿지 않는다 일단 공부를 제대로 하려고 마음을 먹고 실행에 들어가게 되면, 그다음부터는 자기 절제, 자기 관리, 자기 평가 등 자신과의 수없는 싸움과 투쟁에 직면하게 됩니다. 그런데 실행을 하기 전에는 그토록 자기 자신을 믿고 나는 무엇이든지 할 수 있어'라고 생각했던 학생들이 막상 공부하면서 닥치는 여러 가지 어려움 앞에서는 회피하거나 도망치거나 자기 합리화를 하면서 굴복하기 시작합니다. 이것은 자신에 대한 진정한 믿음이 없기 때문입니다. 자신에 대한 진정한 믿음이란 '나는 무엇이든지 할 수 있는 사람이야' 하는 유아적이고 근거 없는 믿음이 아니라 '나는 어려움을 극복해낼 수 있는 존재'라는 믿음과 '이 고비를 넘어서면 상황이 나아질 것'이라는 믿음, '나의 정당한 노력이 반드시 보상을 받을 것'이라는 믿음을 의미합니다. 미래에 좋은 결과가 보장된다면 열심히 하겠다고 생각하기 전에 나의 노력으로부터 좋은 결실이 성취될 것이라는 사실을 강력하게 믿음으로써 현재의 성적 부진 상태를 돌파해 나가는 역발상이 필요한 것입니다.

배움에 대한 순종의 자세가 없다　배우는 과정은 나 자신의 고집을 버리고 배움에 순종하여 진정한 나의 주관을 세워나가는 과정입니다. 이 과정이 배움의 원리이며 이 과정을 통해서 진정한 발전과 향상이 일어나는 것입니다. 예를 들어 수학 성적이 잘 안 나오는 학생은 수학의 원리에 자신의 사고를 맞추려고 하는 것이 아니라, 자기 마음대로의 잘못된 수학적 사고방식을 가지고 계속 문제를 풀려고 해서 수학 점수가 안 나오는 것입니다. 다른 과목들도 마찬가지입니다. 문제 출제자의 의도와 문제가 제시하는 바를 알려고 하기보다는 자신의 잘못된 패턴대로 계속 문제를 풀어나가면서도 잘못을 교정해 나가려고 하지 않기 때문에 매번 같은 부분에서 틀리고 성적이 올라가지 않는 것입니다. 즉, 고집이 세고 자기중심적인 학생일수록 성적이 좋지 않습니다.

배움에 순종하는 자세를 가진 학생은 자신의 부족한 부분을 끊임없이 체크하고 고치려고 하고 가르침을 주는 선생님의 지침을 그대로 따르며 실천합니다. 이 자세가 되지 않으면 아무리 좋은 선생, 좋은 참고서, 좋은 학원을 통해 공부하더라도 원하는 결과를 얻지 못합니다.

목표가 없고 성과가 없는 공부를 한다 온종일 쉬는 시간도 없이 우직하게 책을 펴들고 있는데도 성적이 오르는 폭이 만족스럽지 못합니다. 이런 학생은 성과 없는 헛공부를 하는 대표적인 사례입니다.

주어진 시간 안에 핵심적인 부분을 우선하여 파악하는 공부, 목표에 맞는 공부, 자신의 수준에 맞는 공부를 해야 합니다. 기본 개념도 없는데 문제집만 열심히 풀거나 너무 철저하고 완벽하게 느릿느릿 공부해 나가면서 그날 해야 할 공부의 내용을 시간 안에 처리하지 못하는 것 양쪽 모두 문제가 있습니다.

또한, 어느 것이 중요하고 어느 것은 중요하지 않은지에 대한 개념이 없이 평면적으로 다 똑같이 기계적으로 공부하는 것도 성적이 안 나오는 결과를 초래합니다. 이런 식의 공부로는 5년을 해도 10년을 해도 원하는 수준에 도달하지 못합니다.

성과가 나오는 공부를 하기 위해서는 정신이 깨어나야 하고 목표의
식이 분명해야 합니다. 단순히 공부를 위한 공부가 아니라 성적이 오
르기 위한 공부를 목표로 정해진 시간 안에 최대로 효율적인 방식의
공부를 해야 합니다. 집중력과 이해력이 먼저가 아니라 시간 안에서
성과를 내겠다는 의식이 먼저 있어야 집중력과 이해력이 발생하게 되
기 때문입니다.

일시적인 슬럼프인지 지속적 슬럼프인지를 구분하지 못한다 사람
은 물론 항상 공부가 잘되는 것이 아니고 잘 안될 때도 있습니다. 보
통 이러한 상황을 슬럼프라고 말합니다. 그러므로 슬럼프는 극복될
수 있으며, 다시 좋은 컨디션으로 공부나 운동에 매진해 나갈 수 있
게 됩니다. 그러나 일시적인 슬럼프 현상으로 극복되는 것이 아니라,
수개월 혹은 반년 이상 슬럼프가 계속된다면, 이것은 슬럼프가 아니
고 어떤 장애가 발생했다고 보아야 합니다. 장애는 시간이 지나간다
고 자연스럽게 극복되는 것은 아니며, 시간이 지남에 따라 아예 슬럼
프 현상이 하나의 객관적 사실로 굳어지게 되어버립니다. 이를 '학습
된 무기력'이라고 합니다.

공부를 잘 해 나가던 학생이 조금씩 저조해져서 처음에는 슬럼프

우리 아이 성적이 올랐어요

현상이려니 하고 생각하지만, 이것이 장기화되면 성적 부진으로 굳어지게 됩니다. 따라서 3개월, 길어도 6개월 이상 슬럼프 현상이 발생한다면 그것은 단순 슬럼프가 아니라 중대한 장애입니다. 그럼에도 부모와 본인은 그것이 왜 왔는지 모르고, 원인을 알 수 없으며 단지 슬럼프의 단편적인 현상들(공부가 안되고 우울, 두통, 머리가 개운하지 않은 등의 신체, 심리적 증상들)만을 겪을 뿐입니다.

지속적인 슬럼프 현상은 그것에 대해 알지 못했든 그것이 잘못되었든, 그동안의 학습 방식, 스트레스 처리 능력 부족, 자신의 성격 구조나 환경으로 인한 스트레스 해소 불가능(부모 성격, 학교 조직), 새로운 스트레스의 출현, 학년이 올라감에 따라 공부의 난이도, 공부의 강도, 성적인 발달, 이성 친구의 출현, 학교 선생과의 마찰, 부모의 불화, 가정의 불안정성 등의 이유로 나타납니다.

장기적이고 지속적인 슬럼프는 빨리 전문가의 도움을 얻어야 합니다. 슬럼프가 계속될 때 막연하고 애매한, 그러나 본인에게 지속하는 신체적 불편감(두통, 머리 맑지 않음, 머리가 무거움, 허리 통증, 생리통, 신경통, 눈이 아프고, 소화 장애, 설사, 변비, 기관지 천식, 알레르기, 갑상선 등의 증상들)을 단순히 별것 아니라고 처리해 버리거나 신경성, 고3병, 입시 스트레스, 기가 허한 것 등으로 막연하게 처리해 버리면 안 됩니다. 이러한 사소한 것처럼 보이는 중대한 불편한 감정들이 공부를 완전히 망칩니다. 남, 부모, 선생님에게는 꾀병이라고 할까 봐 이야기도 못 하고 호소하지도 못합니다.

핑계를 대는 것 같고 의지박약이라고 할까 봐 두려운 것입니다. 그러나 이것을 그대로 참으면 절대 안 됩니다. 원래 조그만 먼지라도 반도체 컴퓨터 칩 같은 정밀 기기를 모두 망쳐버리기 때문입니다. 아무리 첨단 과학 시대라서 화성에 갈지라도 그곳의 카메라의 부품에 미세한 먼지가 걸리면 그 카메라 전체가 작동 못 하게 됩니다.

수많은 돈을 들여서 화성에 간 이유가 없어지는 것과 마찬가지입니다.

성적 부진 상태의 자녀를 둔 부모의 3가지 유형

과잉 허용형 부모 대표적인 경우로 여러 문제 원인에 의해 부모들이 갈등상태, 냉전 상태, 불화 상태에 들어가 있는 경우입니다. 부모끼리 서로 싸우게 되면 배우자에게 받아야 할 사랑과 관심 및 애정을 받지 못하게 되어 자식에게 지나치게 기대하게 되고 자녀의 애정만이 유일한 위로가 되므로 자녀에게 싫은 소리를 하지 못하고 따끔하게 훈육해야 할 때 하지를 못합니다. 그나마 있는 사랑, 애정의 끈을 놓칠까 봐 두렵고 스스로 이미 자녀가 나의 감정의 보상을 해 주고 있고, 부모인 나에게 일정한 감정적인 기여를 해주고 있으므로 분명한 훈육이나 규제를 하지 못하고 지나친 허용이 벌어져서 아이는 어릴 때부터 철없고 버릇없는 아이가 되어 자라납니다.

그렇게 되면 자녀는 세상의 최소한 기본 질서, 매너, 태도도 무시하고 자기 마음대로 자의적으로 판단하면서 멋대로 행동해 나가는 생활을 합니다. 초등학교 시절에는 그런 행동들이 어리다고 보호받고 그냥 허용되기도 하지만 중, 고교 시절로 진행되게 되면 점차로 엄격해지는 현실의 규율, 규칙들 앞에서 적응을 못 하게 되거나 최선을 다해 순응하지 않으려고 하거나, 초등학교 때의 많이 허용되던 분위기만을 그리워하여 사회화 과정을 밟지 않고 몽상적인 자유주의만 찾게 되거나 학교의 체제의 기본적이고 어쩔 수 없는 규칙에도 심하게 반발하거나 맞추지 못하면서 적응에 실패하게 됩니다.

이런 청소년들에게는 세상의 교통 신호를 지키는 것조차 불편한 일이 되며 그냥 자기 편한 대로 자기 어릴 적 무한정 허용되는 분위기대로 상대의 입장, 자체적인 분위기를 무시하고 마음대로 인생을 살아가게 됩니다. 예를 들어, 남이 공부하고 있으면 조용히 문을 여닫는다든지, 선생님이나 부모님이 화가 나 있으면 조금 눈치를 보고 행동을 자제한다든지, 공적인 자리와 사적인 자리를 구분하여 처신한다든지 하는 생활의 기본 코드를 전혀 하지 못하여 주위 친구들의 눈총을 받거나 선생님의 주의를 받게 됩니다. 유난히 미운털 박히게 행동하여 사실 그렇게 큰 악의가 없는데도 불구하고 학교에서 선생님에게 부정적인 평가를 받게 되면서 더욱 스트레스 상황에 들어가기도 합니다.

내가 무슨 행동을 하고 있는지, 내가 하는 행동이 타인의 눈에는 어떻게 비칠지, 내 행동이 지나친 것인지 모자란 것인지, 옳은 것인지 틀린 것인지 전혀 감을 잡지 못하므로 행동이 개선되거나 발전되지 못합니다. 계속 어리바리한 행동 또는 부적절한 행동을 하거나 상황에 따른 적절한 행동을 모르게 되므로 현실은 이 학생에게는 불편하고 괴롭히는 것으로만 인식되고 맙니다. 그러니 현실 원칙을 더더욱 무시하고 싫어하게 되어 일종의 자기 멋대로의 행동을 해 나가는 것입니다. 사실 본인으로서는 멋대로 행동이 아니고 당연하고 자연스러운 행동이지만 남들 눈에는 자기 멋대로의 행동으로 보이게 됩니다.

과잉 허용이 어린 시절 일어나게 되는 이유는 다음과 같습니다.

① 부모 간의 갈등으로 부모가 자신의 배우자에게 받지 못하는 애정, 관심, 사랑을 자녀에게서 받으려고 하여 자녀를 제대로 가르치지 못하거나 부부가 서로 갈등하는 경우, 자식을 자기편으로 만들기 위해 아이에게 일종의 아부를 하고 지나친 결탁을 하여 올바른 지도를 하지 못합니다.

② 부부 갈등은 없지만, 부모 중 한 명이 자신이 어릴 때 자신의 부모에게서 지나친 규제나 억압을 받은 경우, 그 잔소리나 독재가 너무 싫어서 이제는 반대로 내 자녀에게는 지나치게 규제를 하지 않고 과잉 허용합니다. 소위 자유주의적 교육만 하므로 자녀가 잘

우리 아이 성적이 올랐어요

따르면 문제가 없지만, 기본을 하지 못하고 말썽을 피울 때는 자유주의적 교육관이 더욱더 사태를 악화시킵니다.

③ 부모 자신이 약하거나 소심하여 누구와의 갈등, 분쟁을 피하기만 하는 성격이라서 집안에서의 최대 목표도 그냥 사태가 어떻게 되든 큰소리 안 나게 하는 것이므로 필요한 지적이나 야단을 치지 못합니다.

④ 할머니, 할아버지와 살게 되어 큰소리 못 내고 할머니, 할아버지가 손자, 손녀를 감싸들고 부모는 제지하지 못합니다. 분위기상 자녀를 따끔하게 가르치지 못합니다.

과잉 규제형 부모　　과잉 허용과는 반대의 경우로, 부모가 어린 시절부터 지나치게 아이의 자율성을 빼앗고 깊이 개입하여 잔소리하고 부모의 눈높이에서 일방적으로 지시하고 설명하고 훈육하는 것입니다. 이 경우 아이는 자기 스스로 생각하거나 판단할 기회를 잃고 수동적 인간이 되어 단지 부모가 시키는 대로만 움직이고 부모의 가치관이 아이의 주관적 작용 없이 일방적으로 투입되어 완전히 비주체적, 수동적인 인간이 될 가능성이 큽니다. 아이가 어느 정도 성장한 후에 스스로 판단을 내리고 결정을 해야 할 시기가 와도 전혀 준비되어 있지 않아서 미숙하게 행동하거나 반대로 부모의 지시나 훈육에 대해 반항하거나 저항한 경우 너무나 간섭받고 개입 받는 것이 싫어서 뱉어내듯이 모두 거부하여 성장과 교육에 필요한 최소한의 지식, 판단, 내용을 배우지 못하고 스스로 어려움에 빠져서 문제 행동이 발생하기도 합니다.

즉, 야구를 배우는 데 있어서 선생이나 부모가 가르쳐 준 기본 폼을 배우지 않고 자기 반발심에 멋대로 자기 폼을 만들어 멋대로 해 볼 경우에 처음에는 잘 될지 모르지만 초등학교가 끝나가면서 그 멋대로의 한계성이 드러나게 되고 그다음에는 굳어진 폼을 바꿀 수도 없어서 더욱더 큰 어려움에 빠지는 경우가 됩니다.

부모로부터 과잉 규제를 받으면 크게 위의 두 가지 경우, 즉 맹목적이고 자발성이 없는 수동형 학생이 되거나 사소한 일에도 반항하고 저항하는 반발형 학생이 되어 문제를 크게 일으킵니다.

과잉 규제가 일어나는 이유는 다음과 같습니다.

① 부모 자신이 과거의 뼈아픈 열등감이나 콤플렉스에 의해 지나치게 자신의 욕망을 자녀에게 투여하는 경우, 자신이 못 배웠었거나, 지독하게 가난해서 피눈물 나는 고생을 했거나, 자식을 통하여 자신의 현재의 불행이나 괴로움을 보상받고자 하거나, 자신의 과거의 열등감을 자녀를 통해 보상받거나 주위에 드러내고자 할 때 과욕이 벌어지면 자녀의 연령, 능력, 시기, 본인의 의사 등을 완전히 무시하고 부모 생각대로, 의도대로, 욕망대로 무조건 밀어붙이거나

강요하는 경우입니다. 자녀가 하는 행동, 성격, 결과들이 모두 부모의 눈에는 미진하고 모자라며 부족한 것으로 보여서 자녀는 항상 충족감을 느낄 수 없으며 계속 잘해도 더 잘하라고 끝없이 강요하게 됩니다. 어릴 때는 부모의 기대에 순응하면서 쫓아가지만 이러한 타율적인 상태는 초등학교 말이나 중학교에서부터 깨지기 시작하여 점차로 현실의 경쟁에 밀려나면서 이에 따른 스트레스, 좌절로 말미암아 문제 행동을 일으키게 되는 원리입니다.

② 부모가 자식을 자신과 분리된 독립된 개체로 인정하지 않고 일심동체, 자신의 분신으로 보는 경우, 자녀에 대한 사랑이라는 핑계로 자녀의 모든 것을 소유하고 자기 마음대로 좌지우지하려 하게 됩니다. 부모인 나의 관점대로만 해석하여 자녀를 몰아붙이고 자녀의 실패, 성공에 마치 내 일인 것보다도 더욱더 감정에 얽혀서 영향을 받게 됩니다. 자녀의 성적이 떨어지면 부모가 더 상심하고 힘들어하는 등 자녀를 자신의 완전한 분신으로 생각하여 자녀의 의사나 반응은 완전히 무시하고 자기 마음대로 표현하고 화내고 성내는 경우입니다.

③ 부모 자신의 실패 노이로제, 성공 노이로제가 있어서 지나친 규제를 하는 경우입니다. 부모 자신의 성장기에 사소한 실수로 그 결과 인생에 큰 실패를 하게 되어 현재의 불행에까지 이르게 되었다고 생각하여 '그 당시 내가 그런 실수만 하지 않았어도', '그 당시 이

렇게만 했어도' 하면서 뼈아픈 후회에 들어가 있어서, 자신의 분신인 자녀가 똑같은 실패를 하게 될까 봐 지나치게 두려워하는 것입니다. 그러다 보니 비슷한 징후만 나타나도 조바심치고 경계하여 그 불안증으로 계속 잔소리하고 기다리지 못하고 야단치고 지적한 경우 자녀는 반발하거나 위축되게 됩니다. 반대로 성공이나 남보다 앞서기만을 전투적으로 부르짖은 경우, 즉 성공 노이로제가 걸려 있는 경우로서 매사 경쟁적이며 자녀의 특성이나 개성, 능력, 시기를 무시하고 몰아붙이는 경우에 발생합니다.

방치형 부모 이 경우는 앞의 두 유형과는 전혀 다른 유형으로, 부모가 자녀에게 전혀 관심이나 애정을 주지 않아 아이가 어린 시절부터 방치된 경우를 의미합니다. 이러한 원인은 다음과 같습니다.

① 부모가 서로의 부부 불화로 인해 모든 정신적 에너지를 소모하고 있는 경우

② 부모 특히, 어머니 또한 자신도 애정을 받아 보지도 못했고 주어 보지도 못해서 기계적인 단순 양육, 즉 아이를 먹이고 입히기만 하지 아이와 감정을 주고받거나 자녀의 의도나 욕구에 반응하지 못하거나 자녀와의 감정 교류, 의견 교류를 진정하지 못하게 된 경우

우리 아이 성적이 올랐어요

③ 부부의 맞벌이로 인해서 어머니와 접촉을 못 하거나 접촉을 해도 어머니가 피곤하고 지쳐 있는 상태로서 세세하고 풍요로운 정서를 주지 못하는 경우로, 어머니는 이미 지쳐 있으므로 최소한의 반응을 할 수밖에 없는 경우

④ 어머니가 시집살이, 고부간의 갈등, 결혼 자체에 대한 회의 등으로 정신적 에너지가 소모되어 있거나, 남편의 이상한 행동이나 성격 때문에 다른 곳에 신경을 써버리게 되어 자녀에게 갈 정신적 에너지가 없는 경우

⑤ 부모의 사정에 의해 부모와 별거하게 되어 친어머니가 아닌 다른 사람과 살게 되는 경우, 예를 들면 할머니나 다른 친척이 엄마를 대리하여 키우는 경우인데, 엄마 대리역이 정서적으로 안정되어 있고 감정적으로 풍요로우면 별문제가 없을 수도 있지만, 엄마 대리역마저 기본적인 애정 교류를 하지 못할 때 방치되는 경우가 있습니다.

위의 경우들로 인해 결과적으로 아이는 방치 상태에 떨어지며 이에 따른 애정 결핍, 기본 훈육의 결핍, 기본 정서의 결핍 등으로 나중에 커서 문제를 발생시키게 됩니다. 기본 훈육의 부족으로 아이는 자기 멋대로의 행동을 하며, 기본 애정 결핍으로 산만한 행동을 하거나 지나치게 위축된 행동이 나타나며 그런대로 커 가다가 어느 시기

부터는 애정 결핍을 충족시키기 위해 본인은 한없이 절실하고 진정한 사랑으로 생각하나 남들 눈에는 비현실적이고 맹목적인 사랑에 빠지기 쉽습니다. 예를 들면 연예인이나 스포츠 선수에 지나치게 빠져서 현실 감각을 잃어버리는 것과 같다고 할 수 있습니다.

성적 부진은 단일 원인이 아닌 다요인의 결합체이다

보통 부모나 학생들은 단지 집중하지 않아서, 노력하지 않아서, 게임을 너무 많이 해서 등 쉽게 알 수 있는 하나의 구체적 요인으로 인해 성적이 부진한 것으로 생각합니다. 따라서 그것만 안 하거나 그것만 수정하면 성적 부진에서 벗어나는 것으로 생각합니다.

그러나 현재 공부가 안되는 것은 나름대로 원인이 있으며 이렇게 되기까지는 그동안의 상황과 과정과 역사가 있습니다. 우연히 이런 상태가 재수 없게 생긴 것이 아니며 나름대로 필연적인 요소들이 합성되어 이러한 상태가 만들어진 것입니다. 다시 말하면 이러한 문제 현상이 발생한 것은 이것을 발생시키는 더 이전의 선행 원인이 있고, 이것들은 하나의 원인이 아니며 여러 요인이 결합되어서 문제 현상이 오히려 이차적으로 발생 귀결된 것입니다. 즉 성적 부진의 원인이 집

우리 아이 성적이 올랐어요

중력 저하일 때 이것은 현재 문제의 원인이기도 하면서 동시에 이러한 문제 발생 이전의 멘탈 문제에 의해서 생긴 결과이기도 하다는 말입니다.

첫째, 학생 본인의 태도, 능력, 자세, 성격, 가치관
둘째, 부모의 성장 과정에서의 긍정적 혹은 부정적 역할, 부모 자신의 문제
셋째, 학교, 사회, 친구 관계 등등의 환경적 요인 등이 있습니다.

이 세 요소가 적절히 각 개인에 따라 형성되어 가면서 성적 부진이라는 나쁜 결과가 발생하게 된 것입니다. 성적 부진 현상의 원인은 단지 한 가지가 아니며 위에서 말한 여러 요소에 의해 만들어진 것입니다. 따라서 근원적인 구조 조정을 해야 성적이 향상될 수 있는데, 그 근본적인 힘의 근원과 방향은 부모가 주도권을 쥐고 개혁의 선두에 서야 합니다.

이 과정은 말처럼 쉬운 과정이 아니고 구조 조정의 고통처럼 불편하고 지속적인 관심과 노력이 필요한 과정입니다.

성적 향상에 영향을 미치는 여러 가지 요인들

첫 번째로 스트레스를 들 수 있습니다. 스트레스는 두말할 것도 없이 학생뿐만 아니라 모든 사람에게 지대한 영향을 끼치는 요소입니다. 스트레스 자체는 나쁜 것만도 그렇다고 좋은 것만도 아니지만, 우수한 성적을 거두기 위해서는 스트레스를 처리하는 방식이 어떠한가가 핵심이라고 할 수 있습니다.

흔히 부모들은 '학생이 무슨 스트레스가 많겠는가?' 또는 '학생인데 참아야지' 하며 무시하거나 반대로 스트레스받으면 안 된다며 조심스럽게 접근하기도 합니다. 스트레스는 단지 무시하거나 피할 것이 아닙니다. 때에 따라서 부모가 상상도 할 수 없는 스트레스가 자녀에게 있을 수 있는데, 대개 학생 본인도 원인을 알 수 없으므로 답답해합니다. 따라서 부모가 잘 살펴보아 주는 것이 중요합니다. 가장 스트레스를 받는 요소가 무엇인지, 그것을 자녀가 잘 해결해 내고 있는지, 혹은 스트레스에 짓눌려 생산적인 공부가 안 되고 있는지 등을 말입니다.

두 번째로 자녀의 성격적 요소도 성적에 지대한 영향을 미치는 요인입니다. 그래서 성격적 특성에 따른 다른 공부 접근법이 필요하다며 아이에게 개별적 맞춤 공부법을 제안하기도 합니다. 그런 해결법

우리 아이 성적이 올랐어요

이전에 성격은 타고난 부분도 물론 있지만, 유아기와 아동기의 양육 과정과 지성과 인격을 발전시켜 나가는 부분이 후천적 성격 형성에 작용합니다. 그리고 이렇게 형성된 성격이 스트레스를 처리하는 방식을 결정하는 요소가 됩니다.

부모는 자녀를 고유한 인격체로서 존중하는 것도 중요하지만, 아이의 미성숙한 자유를 너무 보장해 준 나머지 세상과의 적응과 대응에 문제가 생기게도 합니다. 아이가 유연하고 자유로우면서도 수용적이고 새로운 것을 흡수하고 어려움을 피하지 않고 극복하려 하며 도전하는 멘탈을 가질 수 있게 하는 기본은 아이가 마음대로 할 수 있게 내버려 두는 것이 아니라, 부모의 말을 잘 듣고, 따르고, 순종하며 어려움을 인내할 줄 아는 아이로 키우는 것입니다. 그 방법으로는 자기 고집적인 에고를 개선하는 것이며, 이 결과 학습 효율은 놀랍게 증대됩니다. 부모와 자녀의 공동 노력과 습관 형성에 따라 무궁무진한 변화와 발전을 할 수 있는 부분입니다.

세 번째는 메타인지Metacognition의 유무입니다. 메타인지는 자신이 알고 있는 것이 무엇인지를 알고 또 무엇을 모르는지를 정확하게 아는 상위 인지 능력입니다. 메타인지는 공부를 잘하는 최상위권 학생뿐만 아니라 모든 분야의 최고 능력자들이 공통으로 가지고 있는 능력입니다.

메타인지가 없는 학생은 자신이 무엇을 모른다는 것을 부끄러워하는 경향이 있습니다. 하지만 이 메타인지가 뛰어난 경우는 자신이 완벽할 수 없다는 것을 알기 때문에 자신이 무엇을 모르는가에 대해 더 알고 싶어 하고 자신의 오류가 드러나는 것을 부끄러워하지 않습니다. 그뿐만 아니라 메타인지가 가능한 학생은 기본적으로 자기의 감정을 이야기하는 것에 어려움을 느끼지 않아서 자신의 감정 표현과 타인과의 의견 교류, 비판이 적절히 균형을 이루기 때문에 자기식대로의 생각이 아니라 객관적인 관점을 유지할 수가 있습니다.

네 번째는 학생 본인의 가치관입니다. 학생이 우수한 성적을 이뤄낸다는 것은 다양한 요소들의 총체적인 작용에 의한 것입니다. 그리고 그중에서도 가장 상위 개념이며 다른 모든 요소를 결합하는 개인의 가장 중요한 힘은 가치관입니다. 학생의 가장 깊은 곳에 있는 생각이며, 세상을 어떤 관점으로 대할 것인가, 공부하는 자신 그리고 공부를 대하는 태도, 무엇을 가장 중요하게 생각하느냐의 문제입니다.

탈권위의 시대 그리고 무한 경쟁의 시대를 사는 만큼 부모나 자녀들이나 혼란스럽기는 마찬가지입니다. 무엇에 정신을 기대고, 궁극적으로 무엇을 위한 생각으로 공부해야 가장 힘이 날 것인가의 문제입니다. 모호하다고 느낄 수도 있는 부분이지만, 성적 향상을 위한 자녀의 가장 핵심적인 문제이기도 합니다.

다섯 번째는 집중력입니다. 학생이 집중해서 학습하는 능력만 갖추고 있다면 무엇이 문제이겠습니까? 부모는 '공부할 때는 공부만 하고, 놀 때는 놀아라.' 하지만 집중력이 발휘되기 위해서는 근본 멘탈

구조에 문제가 없어야 가능합니다. 스트레스가 처리되지 않아 머릿속이 잡념으로 가득하고, 감정이 불안정하다면 집중을 할 수 있는 최소한의 여건도 되지 않는 상태이니 단순히 자녀가 시간만 보내고 있는지, 학습의 내용을 충실히 소화하고 있는지 부모들의 주의가 필요한 부분입니다.

여섯 번째는 분발심입니다. 분발심은 자신의 미래에 대한 욕심이 있고, 현재의 자신의 상태를 자만하지 않는 것입니다. 성공하고 싶은 욕망, 지금의 상태보다 나아지고 싶은 욕구 등이 개인을 분발하게 합니다. 하지만 신기하게도 그런 욕망과 함께 본인의 실력을 실제보다 높게 평가하고 안주하고 싶은 마음도 동시에 생겨납니다. 이는 특히 주변에서 칭찬만 듣고 질책을 별로 받아 보지 않은 경우 자신에 대한 착각에서 비롯합니다. 즉, 객관적인 현실 이해를 못 하게 된 경우 분발심이 없어지기도 합니다. 분발심이 있는 학생은 막연한 걱정과 불안이 많은 학생과는 다릅니다. 분발심이 있는 학생은 자신의 처지와 자신이 감당해야 할 공부 등에 대해 잘 알고 있기 때문에 자신이 원하는 결과를 얻기 위해서 묵묵히 자신의 과제를 꾸준히 열심히 하는 모습을 보입니다.

일곱 번째는 부모입니다. 흔히 말하는 엄마의 정보력을 말하는 것이 아닙니다. 부모의 자세라고 보시면 됩니다. 부모가 되어 아이 키우는 것만으로도 정신없이 세월이 지나가는데, 동시에 부모 자신의 모습도 자녀를 관찰하고 체크하듯이 꾸준히 관찰·반성하고 개선해야 합니다. 부모 입장에서도 메타인지를 가져야 합니다. 가정 교육이 바로 서기 위해서는 부모가 직접 모범을 보이고, 말과 행동이 일치하고, 분발하고, 반성하는 모습을 보여야 합니다. 이렇게 되면 부모의 권위는 저절로 설 수밖에 없습니다. 따라서 자녀의 성적 부진을 개선하고 싶다면 무엇보다 자녀의 문제 현상들이 벌어지게 된 오류들을 부모가 먼저 인식하고 바로잡는 것이 그 시작입니다.

여덟 번째는 목표의식입니다. 목표는 누구나 세울 수 있지만, 또 한편에서는 목표를 세우지 못해 고민하는 학생들도 있습니다. 우수한 성적을 바라는 학생은 우선 최고의 결과를 내는 자신을 이미지로 그릴 수 있어야 합니다. 현재 자기 상황이 경쟁의 조건에서도 불리하고 약간은 뒤처져 있다 하여도 지레 포기하지 않고 자신을 믿는 마음으로 목표를 세울 수 있어야 합니다. 목표를 이뤄나가는 것에 익숙하지 않은 학생일수록 작은 목표라도 세워서 스스로 성취해 보는 자신감을 불어넣어 주어야 합니다. 목표의식을 가지고 목표를 정해 그것을 이루고자 노력하는 것과 목표의식 없이 달리는 것에는 그 방향과 효율에 있어 극명한 차이를 보이며, 목표 그 자체가 있는 것만으로도 마치 지렛대가 있어 힘을 덜 수 있는 것과 같은 효과를 볼 수 있기 때문입니다.

아홉 번째는 학교생활입니다. 학교생활은 아이들의 사회생활입니다. 일단은 집단으로 모인 상황이기 때문에 단체 생활에 적응을 잘 하는 아이도 있고 못하는 아이도 있게 됩니다. 친구 관계에서 리드를 하기도 하고 당하기도 하며, 사회생활의 속성상 또래 친구들에게 인기를 얻고 싶은 아이도 있고, 그런 것은 상관없는 아이도 있으며 한쪽에서는 관심을 받고 싶지만 소외되는 아이들도 있습니다. 또한, 친구들의 영향을 받아 긍정적으로 발전하는 아이도 있고, 악영향에서 벗어나지 못하는 아이도 있습니다. 이토록 상대적이며 상황적인 변수가 많은 환경에서 어떻게 하면 성적은 향상되면서도 친구들 사이에서 인정도 받는 학생이 될 것인가가 관심일 것입니다. 자녀의 학교생활에서의 문제는 당장 성적과 관계가 없는 일로 여겨지기 때문에 간과될 수 있는 부분입니다. 하지만 정작 자녀가 신경 쓰는 영향에서는 상당한 비중을 차지하는 부분입니다.

열 번째는 공부 환경입니다. 자녀의 공부 환경에 대한 문제에서 선행되어야 하는 것은 자녀의 공부를 방해하는 주변 환경과 요소들을 제거해 주는 일입니다. 그리고 물리적인 공부 환경을 포함하는 정신적 환경, 심리적 환경, 부모가 제공하는 환경상의 문제들까지도 한번 점검해 볼 필요가 있습니다. 정신적 환경이라는 것은 가정에서 느끼는 정신적 안정감, 사랑과 관심을 받고 있다는 소속감 등을 말하며, 심리적 환경은 개인적으로 느끼는 우울 불안감, 자기 비하감, 강박관념이나 무기력감, 마음속의 화나 분노 등을 비롯해 부모의 간섭, 지시, 훈교, 방임 등으로 인해 발생하는 여러 가지 환경을 함께 말합니다.

기초가 아니라
기본이 중요하다

공부를 잘하려면 공부에 대한 기초가 필요하고 기초를 만들려면 기본(정신적, 정서적, 태도적, 인격적)이 필수인데, 기초의 중요성은 모두가 인지하면서도 기본의 중요성은 간과합니다.

기본이라 함은
① 분발심, 안타까워함, 조급해함 등 마음의 분발 상태
② 집중력, 암기력, 이해력 등의 기본적인 지적 기능
③ 지속적인 안정감, 꾸준한 반복, 꾸준한 성실, 근면, 부지런함,
흔들리지 않는 지속성 등입니다.

이것은 만들기가 몹시 어렵습니다. 가끔 성적 저조하던 아이가 갑자기 성적이 오르고 나중에 서울대를 갔느니 하는 것은 모두 ①, ②, ③의 기본이 어느 날 갑자기(혹은 꾸준히 눈에 안 보이게 준비되다가 현상적으로는 어느 날 갑자기) 만들어지면서 자연스럽고 추진력 있게 기초가 만들어진 결과입니다.

공부를 잘하게 되고 그 결과 성적이 오르려면 제일 먼저 시도해야 할 내용은 기초가 아닌 "기본"입니다. 이것이 이루어지지 않으면 그

우리 아이 성적이 올랐어요

다음 단계 역시 이루어지지 않습니다.

즉, (1) 기본 확립 → (2) 각 과목의 기초 확립 → (3) 공부 효율성(집중력이 올라가고, 암기 과목 성취도가 올라가고, 이해력이 올라가고) → (4) 성적 향상 순으로 이루어집니다.

많은 학생이 실패하는 대부분 이유는 (1)이 확보되지 않은 상태에서 눈에 보이는 (2)번부터 시작하기 때문입니다. (2)가 잘되기 위해서는 (1)을 개선해야 합니다. 대개 부모들이 (3)만을 강조하고 조금 통찰력이 있는 부모들은 (2)를 강조하지만 (1)을 철저히 인식하고 강조하는 부모는 거의 없습니다. (1)이 변하면 그 학생이 가진 어마어마한 가능성이 발현하게 됩니다. (1)이 10%만 변해도 (2), (3)단계는 30~40% 이상 변합니다. 단지 (3)(본인의 의지, 노력, 각오, 부모의 감시, 관찰, 야단, 지식, 어느 경우에는 기계를 동원한 방법)을 노력해서는 잘해야 1달 보통 10일 이내에 무너지고 맙니다. 본인은 본인이 각오한 대로 머리를 깎고 정신 각오를 강조하며 책상 앞에 "나는 할 수 있다"는 격문을 써 놓고 버티지만, 어찌 힘만으로, 의지만으로, 각오만으로 산에 올라갈 수 있을까요?

부모는 부모 대로 같이 잠 안 자기, 같이 호흡 맞추기, 야단, 벌 세우기 등을 아무리 해도 아이는 늘어져 버리고 곧 얼마 후에는 예전의 상태로 돌아가 버립니다. 즉, 각오 결의 대회 후에는 똑같이 원상 복귀하는 것처럼, 호수에 처음 돌을 던질 때는 파문이 있지만 몇 분 후에는 곧 평온한 호수로 돌아가듯이, 몇 번의 각오 결의 대회를 하면서 1~2년(중고 시절)이 다 지나가 버리게 되는 것입니다. 실제 공부는 안되고 각오 대회만 몇 번 해프닝처럼 열고는 성장기의 그 귀한 시간이 다 날아가 버리게 됩니다. 본인이나 부모나 마음은 마음대로 갑갑하고, 그러면서도 결과는 나오지 않고, 아니 좋은 결과를 낼 수 있는 기본 과정도 시작되지 않았으니 결과적으로 사회의 도태 과정으로 들어가고 마는 것입니다. 따라서 조금이라도 공부를 하려면 (1)번을 개선해야 합니다. (1)번이 나머지 90%의 모든 과정을 결정합니다.

우리 아이 성적이 올랐어요

3부

성적 향상을 위한 3MN의 구조와 원리

성적 향상에 이르는 과정
: FMN, BMN, SMN

사람에게는 의식과 무의식의 세계가 있습니다. 흔히 사람의 의식과 무의식을 빙산의 일각과 빙산으로 비유하듯 무의식은 드러나지 않고 감추어진 채 의식을 좌우하고 있습니다. 아무리 의식적으로 이성적이고 논리적인 생각과 선택을 한다고 생각하지만, 사실 자신도 모르게 무의식이 작용하여 결정하게 되는 면이 대부분이기 때문입니다. 대부분 사람들의 말과 행동, 생각들은 이미 고정화된 패턴, 즉 무의식에서 어느 정도 결정된 방식대로 반복하게 됩니다. 쉽게 말해 고정관념이나 가치관이 이미 형성되어 있기 때문에, 이것은 바로 성격이나 인격이나 행동 패턴으로 표현되는 것입니다.

이미 무의식적으로 '나는 실패할 거야', '나는 공부를 못해', '나는 머리가 안 좋아'라는 믿음이 고정되어 있으면 그 믿음대로 말과 행동을 하게 됩니다. 아무리 의지를 갖고 노력을 해도 부정적인 가치관이 무의식에 있는 한, 결과적으로는 자신의 부정적인 믿음대로 삶을 살아가게 되는 것입니다. 아무리 의식적으로 '하면 된다', '공부 열심히 해야지.' 하고 결심을 해도 장기간 지속하지 않는 이유는 이런 의식적인 결심이 무의식의 생각마저 변화시킬 수 없기 때문입니다.

그렇다면 의식으로 무의식의 생각을 바꾸려면 어떻게 해야 할까요? 그러려면 스스로 발전되고 진행되는 강력한 공부 욕구가 자발적으로 만들어져야 하고 자기 주도형 공부 동기Spontaneous Self-Learning Motivation가 자발적으로 유지되어야 합니다. 즉, 공부 혼Spirit of Learning에 불이 붙어야 합니다.

공부 혼에 불이 붙지 않고서는 의식적인 생각과 의지만으로 결코 무의식의 생각을 변화시킬 수 없습니다. 무엇보다도 무의식에 있는 생각들은 드러나지 않기 때문에 내 무의식의 생각이 어떤지 스스로 파악하기가 어렵고, 너무나 광대한 부분이므로 어디서부터 어디까지 어떻게 변화를 시켜야 하는지 알기도 어렵습니다.

학습에 영향을 미치는 3가지 멘탈 구조는 다음과 같이 구성되어 있습니다.

우리 아이 성적이 올랐어요

FMN	Fundamental Mental Network	근본 멘탈 구조
BMN	Basic Mental Network	기본 멘탈 구조
SMN	Spiritual Mental Network	목표 멘탈 구조

이 세 가지 구조의 기능이 효율적으로 유기적으로 작동할 때 공부 혼이 발생하여 학생이 스스로 공부하는 놀라운 일이 일어나게 됩니다.

다음 장에서 설명하겠지만, 간단하게 말해서 공부를 못하는 이유는 우선 FMNFundamental Mental Network(근본 멘탈 구조)에 해결 안 된 화, 우울, 불안, 충동 등의 에너지로 인한 자기 고집이 가득 차 있거나 정서가 불안정하여 효율적인 학습을 할 수 있는 상태 자체가 되지 못하는 것을 꼽을 수 있습니다.

또 BMNBasic Mental Network(기본 멘탈 구조)에 있어서는 자기 고집과 왜곡된 학습 태도로 인해 학습에 대한 기본 순종이 이루어지지 않고 아울러 학습할 수 있는 기본 인지 기능인 읽고 쓰고 생각하기 등이 이루어지지 않는 것도 학습 부진의 이유입니다. 그러다 보니 SMNSpiritual Mental Network(목표 멘탈 구조)에서 학습에 대한 가치나 의미나 목적을 모르므로 목표 지향적인 추동력 에너지가 발생하지 않기 때문에 어려움을 돌파하는 힘이 약하여 지속적이고 도전적이고 창의적인 학습이 이루어지지 않습니다.

FMN	BMN	SMN
Fundamental Mental Network	Basic Mental Network	Spiritual Mental Network
근본멘탈구조	기본멘탈구조	목표멘탈구조

⋈	FMN	Fundamental	mental network	근본멘탈구조
△	BMN	Basic	mental network	기본멘탈구조
◎	SMN	Spiritual	mental network	목표멘탈구조

근본멘탈구조와 기본멘탈구조와 목표멘탈구조는 성적향상의 삼위일체로서 이 세가지가 모두 갖추어져야 기복없는 완전한 성적향상이 이루어집니다.

성적향상을 위해서는 스스로 발전되고 진행되는 강력한 공부욕구가 자발적으로 만들어져야 하고, 자기 주도형 공부동기가 자발적으로 유지되어야 합니다. 즉, 공부혼Spirit of Learning에 불이 붙어야 합니다.

FMN, BMN, SMN 의 강화를 통해

❶ 기본적인 인성과 태도가 성숙하여 안정적이고 지속적인 학습태도를 길러줍니다.

❷ 침투효과가 발생하여 학교, 학원, 과외의 강의 내용이 머리 속으로 100% 흡수됩니다.

❸ 미래의 비전과 목표를 가지고 학업성취를 위해 지속적, 반복적으로 꾸준히 매진하게 됩니다.

우리 아이 성적이 올랐어요

FMN

: 근본 멘탈 구조

FMNFundamental Mental Network은 출생 후 부모와의 관계, 가족과의 관계, 성장기에서 겪은 경험들이 모두 축적되어 한 개인의 가치관, 인생관, 세계관을 형성하게 되는 곳이며, 그 과정에서 해결 안 된 에너지가 충동이나 정서 불안정이나 우울, 무기력감 등으로 남아 있는 곳입니다. 이런 요소들은 그 자체로 겉으로 나타나지는 않지만, 성격, 말, 행동, 습관, 정서 등으로 드러나게 됩니다. 흔히 '저 학생은 부정적이야', '긍정적이야', '고집이 세', '충동적이야'라고 말하는 것은 바로 그 사람의 행동이나 말, 습관에서 알 수 있는 것이며 그것은 바로 그 사람의 가치관이나 세계관이 부정적 또는 긍정적으로 형성되어 있기 때문에 나타나는 것입니다.

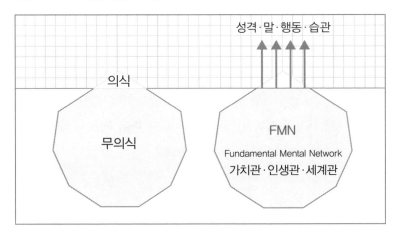

가치관, 인생관, 세계관 등은 작고 소소한 일에서부터 공부, 취직, 결혼 등의 크고 중요한 일에 이르기까지 모든 선택을 주도하며, 결국 개인의 인생을 결정할 정도로 매우 막강한 영향력을 미칩니다. 이러한 가치관에 따라 성격이 형성되며 이러한 영향의 결과로 대인 관계 및 스트레스를 처리해 나가는 기술이 형성되는 만큼 한 개인의 인생이 결정되는 매우 중요한 기반이 되는 것입니다. 일종의 마음의 텃밭인 셈입니다. 이러한 FMN은 생후에서 유아기(0~3세)에 대부분 확립되며 이후 성장기(청소년기)에 이르기까지 거의 확고하게 굳어지게 됩니다. 공부를 잘하는 학생들과 못하는 학생들과의 차이점은 바로 이 FMN에 있습니다. 그럼, 이러한 FMN의 형성은 어떻게 이루어지게 될까요?

내성적, 외향적 성격의 경우 기본적으로 타고난 성격이라고 볼 수 있습니다. 이미 태아 시절에서부터 어머니의 스트레스 정도나 태교, 유전 등에 의해 결정지어진 성격입니다. 하지만 부정적 성격이나 긍정적 성격은 타고나기보다는 생후 부모, 형제 관계에서 어떠한 경험과 자극을 주로 받았느냐에 따라 결정되기 마련입니다. 특히 부모의 성격이 어떠했는지, 부모의 부부 관계가 어떠했는지, 부모의 자녀에 대한 관심과 애정의 표현 양상은 어떠했는지, 아기의 욕구를 일관되게 충족시켰는지에 따라서, 즉 아기와 부모 가족 간의 관계에 따라 대부분 FMN이 형성된다고 볼 수 있습니다.

예를 들어 부모님이 서로 싸우고 소리 지르는 상황이 발생할 때 어

우리 아이 성적이 올랐어요

른들에게는 사소한 일일 수 있지만 어떤 아이에게는 그 소리가 천둥처럼 크게 들려서 트라우마로 남을 수 있습니다. 아이가 중학생이 되었을 때는 더는 부모가 크게 싸우지 않는다 하더라도 아이의 무의식 속에는 어릴 때 기억과 감정이 고스란히 남아 있어서 정서적으로 불안하게 됩니다. 따라서 사소한 자극에도 마음이 불안해진다거나 자꾸 잡념이 든다거나 하는 식으로 집중이 되지 않는 것입니다. 또 다른 예를 들자면 반에서 친구가 약간 시비를 걸었는데 지나치게 화를 내거나 같이 싸우는 것도 앞의 경험과 유관합니다. 그래서 사소하게 시작된 일이 선생님에게까지 알려져 벌점을 받는 식으로 확대되어 불필요하게 시간과 에너지를 낭비하는 일도 생기게 되는 것입니다. 나아가 친구와의 사소한 갈등이 깊은 자존감의 상처로 남아서 그러한 고민으로 인해 정신 에너지가 고갈되어 정작 공부에 집중할 에너지를 갖지 못하는 경우도 있습니다.

FMN에 영향을 미치는 대표적인 부모의 몇 가지 유형을 살펴보겠습니다.

(1) 지나치게 자녀에게 간섭하는 유형

이런 경우 자녀에게는 중대한 문제를 남길 수 있습니다. 늘 어머니가 곁에서 모든 일을 주관하고 있으므로 자녀는 스스로 어떤 일을 해 볼 기회를 얻지 못하게 되어 버립니다. 어머니와 자녀의 관계는 오로지 의존의 관계만 중요한 것도 아니고 오로지 독립적인 관계만 중요한 것도 아닙니다. 의존과 독립이 시기적으로 맞게 정립되어 자녀가 스스로 행동하는 데 문제를 일으키지 않는 정도가 되어야 할 것입니다.

얇은 옷을 입고 나가 추위에 덜덜 떨어 보기도 하고 비가 오는데 놀이터에 나가 놀다가 감기에 걸려 호되게 앓아 보기도 하면서 몸과 마음이 자라나는 것입니다. 그렇다고 마냥 방치하는 것과는 다르게 스스로 경험을 통해 올바른 판단을 할 수 있도록 이끌어 주는 것이 부모의 역할입니다. 대부분의 어머니는 절대로 점퍼를 입지 않겠다는 아이를 야단치고 울려서라도 옷을 입히는 것이 옳다고 생각합니다. 하지만 그것은 따지고 보면 자기기만에 불과합니다. 추운 것을 알려면 스스로 추워 봐야 하지 않을까요? 요즘은 어떤 것이 추운 것인지 어떤 것이 더운 것인지조차 알 수 없도록 완벽하게 뒷바라지를 해 주는 어머니들도 있습니다. 자녀에게는 눈곱만큼의 고통도 주지 않고자 최선을 다한다는 마음으로 완벽한 뒷바라지에 열을 올리지만, 사실은 그 때문에 자녀에게 문제가 생길 수도 있습니다. 스스로 문제를 발견하고 해결점을 찾는 경험을 해 보지 못한 이상 이 사회에서 독립적인 한 개체로서 당당하고 활기차게 살아갈 수는 없을 것입니다. 비 온 뒤에 땅이 굳어지고 아픈 만큼 성숙해진다는 것은 고금의 진리입니다. 내 자녀만 예외일 수 없으며 지나친 간섭과 배려가 사랑하기 때문이라고 말하는 것은 변명조차 되지 못합니다.

이런 부모에게서 영향을 받은 자녀의 FMN에는 항상 보호자와 같

우리 아이 성적이 올랐어요

은 역할을 하는 타인에게 의존하고 싶어 하고 마치 부모가 자신의 모든 것을 해결해 주었듯이 누군가가 평생 자신의 힘든 것을 해결해 주기를 원하는 기질이 자리하게 됩니다. 어린 시절 이러한 FMN이 형성되면 청소년기에도 독립적인 자아가 형성되지 않기 때문에 건강하게 부모에게서 독립하지 못하고 항상 누군가에게 의지하려 하는 성격이 형성됩니다. 사소한 결정도 스스로 하지 못하고 누군가의 조언이나 판단에 의지하게 되며 학교 선택, 직장 선택, 심지어는 결혼 결정마저 부모가 전적으로 정해 주는 사람을 만나야 안심하게 됩니다. 그러면서도 매사 의존하는 자신에 대한 자기 비하감이 있을 수도 있고 부모에 대한 의존 감정과 아울러 자기에게 간섭·지시한다는 이율배반적인 반감으로 발전하기도 합니다.

(2) **성격이 불안정하고 자기중심적인 유형** 이럴 때 자녀는 혼란과 갈등을 거듭하게 됩니다. 아이가 배가 고파서 울 때 젖을 주는 것이 아니고 어머니 자신의 기분과 상황에 따라 젖을 주는 것은 아이로 하여금 어떻게 행동해야 할지 혼란에 빠지게 합니다. 게다가 자신이 우는 것이 아무런 소용이 없는 것으로 느껴지면 울어야 할지 그냥 기다려야 할지 갈등을 일으키게 되기도 합니다. 배가 고파서 울 때 어머니가 젖을 주는 것은 어떤 요구를 했을 때 그것이 받아들여졌다는 뜻이며 마땅한 노력을 기울였을 때 대가를 받게 된다는 것을 인식시켜 주는 행위가 될 수 있습니다. 하지만 아기의 표현과 반응에는

전혀 상관없이 어머니의 필요와 기분에 따라 움직여지면 아기는 타인과의 주고받는 관계를 적절하게 맺는 것을 배우지 못하게 됩니다.

이렇게 불안과 갈등으로 시작된 유아기부터 초등학교에 다닐 어린 시절까지 혼란과 갈등의 연속이었다면, 자녀는 문제가 생길 수밖에 없을 것입니다. 어느 날은 상을 받아 와도 칭찬은커녕 야단만 맞는가 하면 어느 날은 신발 주머니를 잃어버리고 왔는데도 오히려 달래 준다면 무엇이 잘한 것이고 무엇이 잘못한 것인지의 일관된 기준을 정할 수 없을 것입니다. 어느 날은 집에 늦게 왔다고 노발대발하고 어느 날은 아주 늦게 왔는데도 웃으면서 맞아들인다면 자녀가 받는 스트레스는 엄청난 것이 됩니다. 어른들은 그저 생각 없이 "바쁜 날은 그럴 수도 있지" 하고 넘어간다거나 "오늘은 자꾸만 짜증이 나는 것을 어쩌란 말이야!" 하고는 자녀에게 풀어버릴 수 있습니다. 하지만 당하는 입장에서는 자기가 잘못한 것이 없는데도 야단을 맞아야 하는 것에 분노를 느낄 수 있고, 반대로 당연히 잘못한 일인데도 부모의 큰소리 한번 듣지도 않는다면 판단에 혼란이 생길 수 있습니다. 적절한 노력과 보상, 올바른 표현과 반응을 터득하지 못하게 되면 사회생활을 건강하게 할 수 없는 것은 당연한 일일 것입니다.

이러한 부모 밑에서 성장한 자녀의 FMN에는 사람에 대한 신뢰가 형성되기 어렵습니다. 한 개인에게 있어서 믿음, 신뢰는 매우 중요한 가치입니다. 이러한 믿음은 생후 0~3세에 결정되는데, 신뢰를 형성하는 데 가장 중요한 것은 어머니가 아이의 욕구에 얼마나 즉각적으로, 적절하게 대처했는지의 여부입니다. 아이의 울음에도 어머니가 반응하지 않거나 아이의 욕구는 배고픔인데 기저귀만 갈아주었다는 식으로 아기의 욕구가 계속 좌절되기 시작하면 아기는 더 이상의 노력(울음)을 나타내지 않게 됩니다. 어머니에 대한 신뢰가 형성되지 않기 때문에 아기는 더는 사람(세상)을 신뢰하지 않고 항상 대인 관계에서 불안함을 느끼게 됩니다. 모든 것을 혼자 하려 하며 타인과의 관계를 원만하게 하지 못하므로 항상 고립감과 외로움을 느끼고 자기만의 벽을 만들게 됩니다.

(3) 지나치게 어떤 생각이나 관념의 노예가 되어 있는 유형

부모들은 이러한 경우들을 잘 인식하지 못하지만, 그것이 자녀에게는 심각한 결과를 낳게 할 수 있습니다. 무슨 일이 있어도 용돈의 얼마만큼은 저축해야 한다는 생각을 하고 있다고 할 때, 그 생각 자체는 나쁘지 않고 자녀가 잘 따라 줄 때는 별다른 문제가 생기지 않게 됩니다. 하지만 자녀가 별생각 없이 갖고 싶었던 장난감을 사는 데 돈을 다 써 버린 경우 아버지가 너무 지나치게 꾸중하고 체벌을 가했다면 문제가 될 수 있습니다. 부모의 입장에서는 야단친 것이 당연하지 않으냐고 생각하지만, 자녀의 입장에서는 자신의 의도는 쓸데없는 것이고 자신은 부당하게 야단을 맞았다고 느낄 수 있습니다. 게다가 이것이 한두 번으로 끝나지 않고 계속하여 말썽을 일으켜 마침내는 천하에 못된 놈으로 낙인찍히게 되는 것은 바로 불행이고 비극입니다.

다른 가족들이 볼 때는 한쪽에서 조금만 양보하고 이해해 주면 되는 것을 무엇 때문에 그렇게까지 고집을 피우는지 이해할 수 없고 안타까울 수밖에 없지만, 이미 두 사람의 관계는 깨어지고 자녀의 FMN 에 문제를 일으키는 핵심이 되어 버립니다.

세수도 안 하고 잠을 자는 것을 도저히 용납할 수 없는 아버지가 아들이 자신의 권위에 도전하는 것으로 받아들여 자는 것을 깨워 일으켜 한 시간씩 설교를 듣게 한다면 자녀의 FMN에는 권위에 대한 지나친 반발감과 울화가 생기게 됩니다. 만일 나머지 다른 가족들은 모두 아버지의 말에 순종하고 잘 따르게 되면 가족 내에서는 별다른 문제가 생기지 않아서 그것이 문제가 되는지 인식하기 어렵습니다. 다만 그 한 아이가 성격이 못되어 아버지의 말을 듣지 않기 때문에 문제가 생기는 것으로 단정 지어 버리기 쉽습니다. 그러므로 아버지의 문제는 감추어지고 유독 아이만 매사에 말 안 듣고 성격이 삐딱하게 나간 문제아라고 낙인찍히게 되어 버리게 됩니다.

이런 부모 밑에서 성장하게 된 자녀의 FMN에는 자신에게 지시하고 강요하는 것에 대한 분노와 억울함, 자신의 편을 들어주지 않는 다른 가족들에 대한 피해 의식, 적개심 등이 형성되게 됩니다. 이러한 FMN이 일단 형성되면, 학교에 가서도 선생님의 말씀을 들으려하지 않고 아무리 올바른 조언이나 지적이라 하더라도 일단 권위, 지시에 대해 반항적으로 행동하게 됩니다.

우리 아이 성적이 올랐어요

(4) 정서적으로 안정되어 있고 포용적인 유형

어린아이들은 순간 순간이 생애 첫 경험이기 때문에 실수도 많이 하고 잘못된 행동도 많이 합니다. 부모들은 아이의 미래를 위해 잘못된 행동을 지적하고 꾸중하여 다음부터 이러한 행동을 하지 않게 지도하려 하는 욕구가 있습니다.

완벽주의 성향이 강한 부모는 아이의 사소한 잘못도 못마땅하고 완벽하게 키우고 싶어 하는 경향이 강하므로 사사건건 잔소리하고 간섭하려 할 수도 있지만, 만일 부모의 성격이 안정적이고 포용적이라면 일단 자녀가 어린아이라는 점에 초점을 두게 됩니다. 아이이기 때문에 실수도 하고 잘못된 행동도 하는 것을 전제 조건으로 하고 아이 스스로 자신의 행동이 왜 잘못된 행동인지를 인식할 수 있도록 도와주려 합니다. 무조건 혼내거나 야단을 치기보다는 설명을 해 줌으로써 아이 스스로 자신의 행동이 왜 잘못되었는지 왜 부모가 화가 났는지를 인식하도록 도와주게 됩니다. 부모의 관점이 아니라 아이의 관점에서 행동을 고쳐갈 수 있도록 하는 것입니다.

아이가 위험한 장난을 하고 싶어 하거나 장난감을 사고 싶어 할 때 부모의 눈높이에서 말하면 '이것은 위험해서 안 돼', '너무 비싸서 안 돼' 하는 식으로 말할 것입니다. 이러면 아이는 부모의 상황을 전혀 이해하지 못하므로 일단 자신의 욕구가 좌절된 것에 대한 분노가 형성되고 이러한 경험이 누적됨에 따라 자신의 욕구를 타인에게 적절하게 표현하지 못하는 위축된 아이나 지나치게 주장하는 아이로 성장하게 됩니다. 만일 똑같은 상황을 아이의 눈높이에서 말하게 되면 '네가 이런 것을 가지고 놀다가 만일 이러한 상황이 발생하게 되면 어떻게 될까?', '이 장난감을 사주고 싶지만, 부모에게 돈이 어느 정도밖에 없으니 지금은 사 줄 수가 없구나.'라는 식으로 아이가 생각하고 이해하고 스스로 자신의 욕구를 참을 수 있게 가르친다면 FMN에 부정적인 사고가 생기지 않게 됩니다. 이러한 자녀의 FMN에는 타인에 배려와 이해가 생기고 자신의 욕구를 조절할 수 있는 절제감과 적절한 표현력 등이 형성되는 것입니다. 즉, 자신의 욕구를 주장하기에 앞서 타인의 상황도 배려할 수 있는 성숙한 사고를 하는 사람으로 성장할 수 있게 됩니다.

　앞의 몇 가지 사례와 같이 어린 시절의 경험과 부모와의 관계와 교육은 성격 형성에 매우 강력한 영향을 미치게 됩니다. 유아기 때부터 성장하는 과정에서 부모가 긍정적인 말과 칭찬, 격려를 많이 해 준 자녀들은 긍정적인 가치관과 세계관을 갖게 되어 긍정적인 대인 관계 및 자신의 삶을 발전적으로 살도록 주도할 수 있겠지만, 이와 반대로 부정적인 경험을 많이 한 사람이라면 겉으로 아무리 열심히 살고 착하며 가진 것이 많다 하더라도 마음 깊은 곳에 울화나 분노, 공격성, 불안 등이 일종의 덩어리로 뭉쳐 있다가 결정적인 순간에 이 부정적인 감정 덩어리가 겉으로 지나치게 드러나 부정적인 결과를 초래하게 됩니다.

우리 아이 성적이 올랐어요

공부를 못하거나 안 하는 자녀들의 마음 깊은 곳에는 이러한 부정적인 요소가 다른 사람들에 비해 많이 응축되어 있습니다. 즉, 울화, 분노, 공격성, 불안, 상처, 적개심, 불만, 열등감 등의 감정 덩어리가 있는 것입니다. 이러한 감정 덩어리는 인간 내면에 매우 깊이 자리 잡고 있기 때문에 스스로는 자신의 FMN에 문제가 있다고 인식할 수가 없습니다. 문제는 이 FMN에 부정적인 덩어리가 크게 자리 잡고 있을수록 자신을 발전시키려 하기보다는 자신을 망치는 선택을 하기가 쉽습니다. 공부를 안 한다거나 공부를 하기 싫어한다거나 부모 말씀에 순종하기 싫다거나 하는 반응이 모두 이 FMN에 문제가 있다는 것을 간접적으로 의미합니다. FMN에 문제가 많으면 많을수록 학생들은 현실을 똑바로 보기를 싫어하고 현실을 왜곡하거나 회피하려고 하는 경향이 매우 강합니다.

농구에서 이기려면 골을 많이 넣어야 합니다. 그렇다면 농구 선수들이 슛하는 연습만 많이 할까요? 아닙니다. 대부분 훈련 시간은 웨이트 트레이닝, 다리 근육 훈련 등을 하면서 기초 체력을 기릅니다. 그래야 실제 농구 시합에서 자세가 흐트러지지 않고 감독의 전략대로 실행에 옮길 수 있기 때문입니다. 히딩크 감독이 2002 월드컵에서 우리나라를 4강까지 올려놓을 수 있었던 것도 다른 감독에 비해 기초 체력 훈련을 강하게 시켰기 때문입니다. 아무리 축구 기술이 좋아도 체력이 부족하면 전, 후반전 내내 뛰면서 기술을 사용할 수가 없습니다. 공부도 마찬가지입니다. 집중력이 가장 중요한 것이 아니라 집중할 수 있도록 만드는 근본fundamental이 안정되어야 집중할 수 있는 것입니다.

건강한 학생의 ⊠ FMN	문제의 ⊠ FMN
긍정적이고 낙관적인 가치관	부모에 대한 원망, 미움, 적개심
적극적인 삶의 태도	좌절된 욕망에 대한 한, 분노
미래에 대한 자신감	사랑 받지 못한다는 낮은 자존감
꿈을 성취하기 위해 노력과 집중	자신감 상실, 복수심
자신의 욕망에 솔직함	열등감, 방어적 태도
자신을 사랑하고 아낌	피해의식

FMN 장애의 3가지 유형

A 정서 불안정형　정서가 안정되어 있다는 것은 감정이 움직이지 않는다는 것을 의미하는 것이 아니라, 적절히 반응하고 움직이고 있는 것을 말합니다. 인간이라면 누구나 기쁨과 분노, 사랑과 슬픔과 공포 더 나아가 때로는 놀라움과 혐오, 수치심, 불안 등을 자기가 인지하든 못하든 간에 지속해서 느끼면서 생활합니다. 그리고 그러한 감정을 적절하게 느끼고 처리하는 것이 인생의 행복과 불행을 좌

우하기까지도 합니다.

정서가 불안정한 학생의 경우는 이 적절함의 범위를 넘어서 외부 요인에 의해 조그만 자극에도 크게 영향을 받아 버리기 때문에 정작 본인이 해야 할 중요한 임무나 과제에 집중하지 못하고, 발생한 감정을 처리하는 데에 시간과 에너지를 다 소모해 버리기 일쑤입니다. 정상적인 경우라면 받은 스트레스에 따라 적절한 감정적 동요를 경험하고 일정 시간 휴식을 취하거나 혹은 다른 일을 하면서 잊어버리는 과정을 거치고 다시 공부에 집중하겠지만, FMN에 이미 문제가 있는 학생들의 경우에는 마치 하수구가 막혀버리듯이, 별것 아닌 자극들이 학생의 내면에 작용해서는 항상 커다란 사건이 되어 버리고, 모든 정상적이고 건전한 지적 정서적 활동은 한동안 정지가 됩니다. 설상가상으로 해결되지 않은 FMN의 크기는 점차 더 키집니다.

이런 학생들은 나름 본인의 정서 불안정에 대해 자책감을 느끼고, 해결해 보려고 애쓰지만, 원인을 정확히 알지 못한 채 열등감과 자기혐오로 자꾸만 빠져들어 갑니다. 본인도 본인의 모습이 정서적으로 안정된 친구들에 비해 미숙한 것 같아 못마땅하고, 그러한 불안정성이 친구 관계에 도움이 되지 않는다는 것을 잘 압니다. 하지만 위축되고 소극적으로 되어 가는 자기 모습을 바꾸고 싶지만, 방법을 알지 못해 고민만 쌓여 갑니다. 부모의 지지와 본인 스스로의 자신감, 친구들과의 돈독한 관계와 주변으로부터의 인정 등이 밑바탕이 되어야 안정감으로 공부에 매진할 수 있을 텐데, 감정이 요동치거나 마음이 번잡스럽고, 대인 관계에서는 불편하고 후회되는 사건이 연속되는 상태에서는 아무리 극복해 보려 애를 써도 이미 강력한 방해물에 의해 정서가 안정되지 못합니다. 따라서 집중적이고 탐구적인 공부와는 거리가 멀어져 있는 상태입니다.

이러한 정서 불안정의 경우는 사춘기 시절 그 고민이 시작되지만, 학생 본인의 내면에서 벌어지는 일이기 때문에 학생들은 정작 어떻게 도움을 요청해야 하는지조차 모르는 상태에서 속앓이 하는 경우가 많습니다. 정신적으로 정서적으로 정체상태이니 본인은 얼마나 답답하겠습니까? 겉으로 보기에는 아무 일도 없는 듯, 막연한 기분의 문제, 그로 인한 신체적인 불편(각종 통증, 두통, 어지럼증, 심인성 장애) 정도로만 여기며 지속해서 자신감을 상실하고 있습니다. 흔히 초등학교 때 우수하고 총명하다가 중학교에 진학하면서 성적이 예전만 못한 경우는 내면의 정서 불안정 상태인 경우가 많습니다.

B 우울형 우울형으로 대표되는 감정은 슬픔, 외로움 그리고 더나아가 좌절, 낙담 등으로, 기분이 자꾸만 하향 곡선을 그리면서 무기력증으로 곤두박질치는 것입니다. 정상적인 정서의 흐름이라면 부정적 정서와 긍정적 정서가 번갈아가면서 너무 기분이 나빠지면 어느정도 자신을 북돋을 수 있게 하는 본인만의 긍정적 자아의식이나 혹은 거기에서 벗어나게 해 주는 주변의 격려나 지지들이 있습니다. 하

지만 FMN에 이미 문제가 생긴 경우라면 그런 보호 장치가 거의 없습니다.

청소년기이니 어느 정도 우울한 것, 말수가 적어진 것을 당연하다고 생각할 수도 있습니다. 슬픔을 슬픔답게 느끼고 이 때문에 감정의 정화가 될 수 있는 상태이면 건강한 것이고, 다행입니다. 하지만 FMN의 문제로 인해 어떠한 위로와 공감도 수용하지 못하고, 자기의 과거 경험과 감정에 파묻혀 있거나, 주변 친구들이나 선생님의 도움도 뿌리치고, 자기만의 세계에 빠져 들어가 무기력, 자기 비하, 패배의식, 절망 등으로 또래 집단으로부터 분리된 채, 혹은 소외된 채 어둡게 지내고 있는 상태라면 문제는 심각합니다.

우울증의 문제는 연쇄적인 부정적인 감정과 생각들을 스스로는 끊지 못한다는 점인데, FMN의 문제가 있는 학생은 그러한 연쇄 작용을 더욱 강력하게 진행할뿐더러, 출구가 없는 것과 같습니다. 학생의 내면은 외딴 섬과 같고, 외부의 일들에는 흥미를 잃어 거리를 두고 있기 때문에 기억력과 집중력에 효율을 보일 수가 없습니다.

학습 내용이 학생의 머릿속에 입력되질 않으니 오늘 학교에서 수업 시간에 배운 내용이 전혀 머릿속에 없습니다. 그리고 왜 자신이 그 내용을 알아야 하는지 전혀 의미 있게 느껴지지도 않습니다. 엄청난 학습 입력 거부의 상태인데 본인도 부모도 잘 알지 못합니다. 학업 성적은 우울의 정도와 맞물려 악순환 할 수밖에 없는 구조입니다. 우울의 양상이 청소년기에 주로 보였던 현상이었는데, 최근에는 우울의 나이가 점점 낮아지고 있는 추세입니다.

자녀가 초등학교 3~4학년인데 시키는 공부의 양은 겨우 완수하지만, 행동이 느려지고, 밝은 표정이 적어지고, 딴생각에 빠진 아이처럼 부모의 지시가 전달, 입력되지 않는다면 우울증을 의심해 보고, FMN의 문제를 점검해 봐야 합니다.

또한, 전형적인 우울 증상을 보이지 않아서 겉으로는 명랑한 척하고 있으나 실제로는 우울한 상태인 가면형 우울의 경우도 청소년기에는 많음을 알고 있어야 합니다.

C 충동형, 반항형

FMN의 문제가 있는 유형으로 부모와 선생님을 가장 힘들게 하는 유형입니다. FMN 내에 성장기에 발생한 부모, 형제, 가정, 학교 등에 대한 울화, 분노, 공격성, 적개심의 감정 덩어리가 일정한 패턴을 가진 형태로 반응하여 밖으로 내보내도록 형성이 되어 버렸습니다. 즉, 일관되게 무조건 반대하거나 거부하는 경향이 큰 상태입니다.

어릴 때는 자녀가 청개구리같이 행동하면 미우면서도 예쁘고 귀여우니 넘어가기도 하고, 아직은 어려서 조금 엄한 선생님 앞에서는 말을 듣기 때문에 그 심각성을 모를 수 있습니다. 하지만 초등학교 고학년만 되어도 문제는 다른 양상을 띱니다. 하지 말라고 하는 일만 골라서 하고, 점점 교사와 어른의 지시 사항에 대해 적대감을 노골적

우리 아이 성적이 올랐어요

으로 드러내기 시작합니다. 즉, FMN에 저장된 정보대로 패턴을 가지고 반응합니다.

반항형은 학습에 써야 할 좋은 머리를 그야말로 문제를 일으키는 방향으로 사용하여 교사와 부모의 애를 먹이게 됩니다. 반항의 형태는 다양한 모습으로 나타납니다. 적극적으로 문제를 일으키는 방향으로 사고를 일으키는 형태가 되기도 하고, 겉으로 보아서는 모범생과 다를 바 없는 모양을 하고 있지만, 생활의 내용, 학습의 내용 안에서 아무도 모르게 조용한 반항으로 완전히 부모의 기대와는 정반대로 향하고 있는 경우까지 있기 때문에 부모의 주의와 관심은 중요합니다.

이런 학생들의 경우 내면 깊숙이에서 작용하는 FMN의 영향으로 그런 패턴을 보이는 것인데, 오히려 부모들이 실망하고 좌절하고 체념하는 모습을 보입니다. 자녀의 인성에 해결 안 되는 큰 문제가 있다고 생각하여 낙담하는 것이지요. 하지만 이런 반항의 근본적 해결은 잔소리나 지적하기, 훈교하기가 아닌 FMN의 개선에 있습니다.

충동형은 자신의 본능적이고 이기적인 충동을 적절하게 제어하고 통제하지 못하고 감정의 상태에 따라 외부자극에 따라서 지나치게 멋대로 반응하는 경우입니다.

즉, 예측할 수 없는 행동을 종종 하거나 게임, 인터넷, 스마트폰에 지나친 몰입 혹은 중독 상태에까지 도달한 경우로, 자신의 이성적인 제어나 통제 없이 본능적이고 감각적 에너지를 자주 지나치게 발산시키는 유형이며 기본적인 학습이 이루어질 수가 없는 상태입니다.

근본멘탈구조

Fundamental
Mental
Network

FMNFundamental Mental Network(근본멘탈구조)는 행동, 감정, 이성에 직접적인 영향을 미치는 가장 밑바닥 멘탈의 구조를 의미합니다.
성적부진의 원인은 학습장애이고 학습장애의 원인은 FMN에 장애가 생겼기 때문입니다.

FMN의 장애는

❶ 문제행동problematic behavior과

❷ 문제감정problematic emotion과

❸ 문제이성problematic reason이 나타나게 하여 성적부진을 일으킵니다.

성적부진은 FMN의 장애로부터 출발하여
문제행동, 문제감정, 문제이성을 야기시켜 발생되는 복합적이고 필연적인 현상입니다. 문제행동과 문제감정과 문제이성은 그 자체가 원인이 아니라 FMN의 장애로 인한 결과물들입니다.
공부(노력)하지 않는 태도, "공부하기 싫어"하는 마음, "공부해서 뭐하나" 하는 마음은 모두 FMN의 장애에서 발생하는 현상입니다.
FMN의 개선과 리모델링 없는 격려, 비판, 보상, 조언, 요령, 학습법 등은 아무런 효율성이 없습니다. 어떠한 학생이든 자신이 원하는 성적이 나오지 않는다면 FMN부터 개선하는 것이 필수입니다. FMN을 개선하고 리모델링 하여야 하위권에서 중위권으로, 중위권에서 상위권으로, 상위권에서 최상위 그룹으로의 이동이 가능합니다. 특히 하위권, 중위권 학생들에게는 FMN의 개선과 강화가 시급한 과제입니다.

우리 아이 성적이 올랐어요

BMN
: 기본 멘탈 구조

FMN이 마음의 깊은 텃밭이라고 하면, 그 마음의 작용으로 생각하고 말하고 행동하고 교육이나 학습을 받는 의식 세계에 자리 잡고 있는 것을 BMNBasic Mental Network(기본 멘탈 구조)이라고 합니다. 쉽게 표현하여 FMN이 한 사람의 가치관, 세계관 등의 무의식적인 영역이라면, BMN은 그 사람을 나타내는 인격, 성격, 능력, 학습, 말, 행동, 습관, 태도, 대인 관계 등이며 타인과의 관계에서 파악할 수 있는 영역이라고 말할 수 있습니다. 이 영역은 학습 받는 수용 태도와 학습의 기본 언어 개념이나 카테고리를 잘 나누는 능력 등으로 나타나게 됩니다.

정신 안에도 구획이 있습니다. 초등학교 때 교육을 잘 받아 개념을 잘 나누어 주면 머릿속에 카테고리가 잘 나뉘게 됩니다. 논리성, 객관성, 통찰력, 계산력, 암기력 이런 카테고리들이 세팅이 잘 되어 있으면 적절할 때 꺼내어 활용할 수 있는데, 이것이 마구 엉켜 있으면 찾는 데 시간이 더 걸리는 것입니다. 문제는 이것을 정리하지 않고 과외나 학원으로 학습만 시키면 엉킨 상태가 더욱 엉켜버리게 되어 뒤죽박죽되는 것입니다.

초, 중학교 때 두각을 보이지 않았다가 고등학교 때 갑자기 전교 1, 2등 하는 학생들은 어린 시절 책을 많이 읽었다거나 머릿속에 카테고리가 잘 정리되어 있어 어느 순간에 단계를 뛰어넘어 실력이 발휘되는 경우입니다. 이 원리를 모르는 부모님이나 학생들은 무조건 중3 때까지 선행 학습만 잘하면 고등학교 때 성적이 급격히 올라가는 줄로 착각하게 됩니다.

그러면 이러한 BMN은 어떻게 형성될까요? BMN은 FMN의 절대적인 영향을 받아 형성됩니다. 긍정적인 사고방식을 가진 사람이 긍정적인 선택과 말과 행동을 하며 결국 긍정적인 인생을 살고, 부정적인 사고방식을 가진 사람일수록 비관적이고 부정적인 인생을 사는 것과 마찬가지입니다. 흔히 부자 되는 방법, 성공하는 방법에 대한 책을 다룬 내용을 보면 가장 강조하는 내용이 바로 자기 생각을 바꾸라는 것입니다. 부자가 되고 싶다고 생각하면서도 '내가 어떻게 부자가 돼.', '부자 되는 사람은 따로 있어.', '나는 할 수 없어.', '그렇게까지 고생하면서 돈을 벌고 싶지 않아.' 하는 식의 생각이 더욱 깊게 자리 잡고 있기 때문에 생각부터가 부자 되는 것을 가로막고 있다고 설명합니다. 사람의 무의식은 참으로 강력하여 아무리 의식적으로 노력하고 있어도 실제 자신의 인생은 무의식적인 선택으로 이루어진다고 말할 수 있습니다.

정말 부자가 되고 싶다는 강력한 열망이 무의식에 심어져 있다면 자신도 모르게 부자 되기 위한 행동을 하게 되지만, 부자 되고 싶은 욕구보다 현재의 편안함과 안정을 더 선호한다면 자신도 모르게 그러한 선택을 하면서 살게 됩니다.

FMN과 BMN의 관계도 마찬가지입니다. FMN이 어떻게 형성되었는지에 따라 BMN이 달라집니다. FMN에 부정적인 감정 덩어리가 많을수록, BMN 역시 FMN의 부정적인 생각들에 따라 부정적인 성격과 가치관이 형성되고 그것에 따라 학습태도와 인성의 특징과 대인관계의 특성 등이 결정지어지게 되는 것입니다. FMN에 분노와 불안, 불신 등의 감정이 누적되어 있다면 기본적으로 타인에 대해 분노와 불안, 불신을 갖고 보게 되기 때문에 사소한 일에도 의심하고 쉽게 화를 내며 걱정하는 성격이 형성되게 됩니다. 그럴수록 타인의 말과 행동을 지나치게 자기 식대로 왜곡시켜 받아들이게 되며 대인 관계 및 스트레스에 적절하게 대응하지 못하는 결과를 초래하게 됩니다. 따라서 스트레스를 받지 않아도 될 문제임에도 남들보다 스트레스를 과도하게 받고 점점 스트레스에 예민해지게 되어 친구 관계나 윗사람(교사, 부모)과의 관계에 내적·외적인 문제가 발생하게 됩니다. 즉 인성 문제, 문제 행동, 문제 성격을 갖게 되는 것입니다. 이것은 BMN에 문제가 있기 때문이며 BMN에 문제가 생긴 학생들의 특징은 다음과 같습니다.

어린 시절 부모나 가족과의 관계에서 긍정적이고 원만한 대인 관계를 배워야 하는데(FMN의 긍정적 자극), 그러한 경험을 갖지 못했기 때문에(고군분투하며 성장함) 성장 후 다른 사람과의 관계에서 적절하게 주고받는 융통성 있는 기술을 배우지 못하게 됩니다. 지나치게 고지식하거나 고집이 센 성격을 갖게 되며 자기 생각만 옳다고 여기는 등 자신의 고정관념이 강해서 다른 사람과 잘 어울리거나 융화하기 어려운 성격을 갖게 됩니다. 또한, 가족으로부터 칭찬이나 긍정적인 평을 받은 경험이 많지 않아서 기본적으로 자신에 대해 부정적인 자아 개념을 갖고 있습니다. 자신의 꿈이나 욕구가 좌절된 경험이 많아 노력하기보다는 쉽게 좌절하거나 포기하는 태도를 보이게 됩니다. 자신의 감정을 적절하게 표현하여 타인과 교류하고 교감할 수 있는 능력이 부족하므로 혼자서 끙끙 고민하는, 다소 소심하고 착한 학생들에게 많이 나타나게 됩니다.

따라서 사소한 스트레스도 남들에 비해 지나치게 크게 느끼게 되어 해결책을 찾지 못하고 고민만 하다가 결국 포기한다거나 자포자기한 무기력한 상태에 빠지게 됩니다.

FMN의 장애가 자기 자신의 내면에서 발생한 문제라고 말한다면 BMN의 장애는 타인과의 관계나 교류, 습득에서 문제가 발생하게 됩니다. 타인에게 피해를 주거나 대인 관계에서 갈등이 지속되기 때문에 친구 관계나 윗사람과의 관계가 원만하지 못합니다. 또한, 교사나 부모의 학습에 관한 지시 내용을 순응적으로 입력하지 않고 자기식대로 선택하거나 왜곡시켜서 건강하고 효율적인 학습이 이루어지지 않습니다. BMN에 문제가 있는 학생은 어릴 때 성적이 아주 우수했다 하더라도 청소년기를 거치면서 친구 관계에 문제가 발생한다거나 우연한 계기에 사건을 경험하면서 어느 순간 급격하게 성적이 떨어지기 쉽습니다.

우리 아이 성적이 올랐어요

또한, BMN은 학습의 인지 기능에 엄청난 영향을 미칩니다. 학습의 도구인 Hearing(듣기), Seeing(보기), Reading(읽기), Speaking(말하기), Writing(쓰기)과 이것을 바탕으로 한 Reasoning(추론하기), Sensing(감각하기), Analyzing(분석하기), Expressing(표현하기), Creating(창조하기)이 모두 BMN과 관련이 있기 때문입니다.

이 10가지 기본 인지 도구가 제대로 기능할 때 학습의 내용이 왜곡 없이 인식되면서 제대로 이해, 흡수, 소화되어 자기의 지식으로 활용될 수 있습니다. 하지만 BMN에 문제가 발생한 학생은 생각이 왜곡되어 있고 자기 고집이 강하거나 자기중심적이어서 선생님이 시키는 대로 하지 않고 자기 식대로 공부할 수밖에 없습니다. BMN의 기본 요소인 계산, 추론, 비교, 분석 능력이 떨어지면서 기본적인 이해가 잘 이루어지지 않게 되고 BMN의 상위 기능인 평가, 판단, 직관, 창조 능력이 떨어지면서 문제 해결 능력이 떨어지게 됩니다. 공부를 나름대로 하긴 하는데 성적이 오르지 않는다면 BMN의 구조에 문제가 있는 것입니다. BMN은 기본적으로 초등학교 고학년부터 형성시키면 가장 좋습니다. 이 시기를 놓치면 공부를 해도 학습의 내용이 100% 소화되지 않고 효율이 떨어지게 됩니다. 따라서 나이가 어린 학생일수록 학습량이나 공부 시간만 늘리기보다는 BMN 학습 성격적 유형이나 기본 인지 기능에 문제가 있는 것은 아닌지 살펴보고 부족한 BMN의 기초부터 다시 채워 가는 것이 성적 향상에 훨씬 효과적입니다.

우리 아이가 BMN에 문제가 있는지 알려면 어떻게 해야 할까요?

BMN 장애가 생긴 경우는 성격이나 대인 관계 유형이 다양하게 나타나기 때문에 어떤 한 가지 유형으로 단정 짓기는 매우 어렵습니다. 하지만 크게 분류해 보면 대개는 세 가지 유형 중 하나에 속함을 볼 수 있습니다. 남에게 양보하고 이해심이 많고 착한 것처럼 보이나 아주 착하거나 자신의 주관이 없고 맹목적으로 순종하는 학생은 수동형(맹목적 순종형)에 속합니다.

주관이 뚜렷하고 자기주장을 딱 부러지게 잘하는 사람도 시원시원하지만, 그것이 지나쳐서 선생님이나 부모의 지시에 따르지 않고 자기 생각이나 느낌만을 주장하는 경우 고집형으로 불릴 수 있습니다. 도저히 감당 못 할 일이 생겼을 때는 '나는 모른다.' 하고 회피하는 것도 훌륭한 한 가지 방법이 될 수 있습니다. 하지만 모든 일에서 그러한 반응을 보이고 자신이 직접 해결하려 하지 않고 가족이나 주변에 문제 해결을 넘기려 하거나 외부로 도피한다면 회피적인 유형이라고 할 수 있습니다.

물론 일상생활 속에서 누구나 조금씩은 이런 면들을 나타내게 됩니다. 여기서 말하는 BMN 장애의 유형은 누가 좀 더 이기적이냐, 누가 좀 더 고집스러우냐 하는 단순한 문제가 아니고 BMN의 뿌리에 박혀 있는 근본적인 태도를 말하는 것입니다. 학습은 교사와 학습자의 소통인데 그것이 지나치게 자신의 주관 없이 수동적으로만 순응하거나 지나치게 고집을 부리거나 다른 곳으로 회피해 버리면 학습은 상호 소통하기 어려운 문제로 바뀌게 됩니다.

A 수동형(맹목적 순종형)　이런 유형은 쉽게 문제라고 인식하기 어렵습니다. 남을 잘 이해하고 배려해 주며 착하게 행동하는 사람은 누구나 좋아합니다. 하지만 작은 일에도 상처를 받고 소심하며 자기주장도 한마디 하지 못하면 정상적인 학교생활이 어렵습니다. 늘 남의 비위를 맞추다 보니 속으로 병이 나고 자기의 주체성을 잃어버리고 결국에는 자기의 생각이나 소견이 없이 그저 다른 사람들의 견해에 따라 살아가게 되는 것입니다. 그러므로 타인에 대한 불평불만이 있는지도 잘 알 수 없고 혹시 있다고 해도 전혀 표현할 줄 모르는 상태가 되어버리는 것입니다. 자기에게 좋은 것, 싫은 것이 있는 것이 아니고 그저 남들이 좋다는 것이 나도 좋다는 것이라는 식으로 늘 기운이 없고 창백한 얼굴을 보이면서 지내며, 남들에게는 법 없이도 살아갈 너무나 착하고 좋은 사람으로 인식되기도 합니다. 하지만 이미 수많은 남의 견해로부터 상처와 충격을 받아 자아가 위축되어 있으며 기가 약하고 소심 유약한 상태라 할 수 있습니다. 즉, 객관은 있는데 주관이 없는 수동적 상태라고 할 수 있습니다.

자신의 주관적인 생각이나 감정에 대해 존중하지 못하므로 건강한 자존심이나 자긍심이 없고 모든 관심이 외부의 일차적인 평가에만 몰입되어 있으므로 두드러진 말썽이나 문제는 없는 듯이 보이니 적극적이고 도전적인 학습이 일어나기 힘들고 대충 때우는 식의 수동적 학습만이 가능하게 됩니다. 더 나아가서 주체성의 결핍으로 성취의 즐거움이나 자신의 고유한 개성에 대한 만족감이 없어서 조용한 주변인으로만 생활하게 됩니다. 이런 경우에는 아이의 내면을 살려 주는 칭찬과 격려가 좋고 자신의 자아를 튼튼하게 할 수 있도록 아주 작은 일부터 아이의 생각과 주장을 펼칠 기회를 마련해 주는 것이 도움이 됩니다.

B 고집형

맹목적 순종을 하는 수동형과는 거의 반대의 경우이며 너무나 남을 배려하지 않는 것입니다. 자기중심적으로 고집이 세고 남의 이야기를 듣지 않고 자신의 방식대로만 일을 처리하는 것입니다. 타인의 의견을 도저히 받아들이지 않는 것으로, 설사 겉으로나 말로는 그렇다고 인정할지언정 마음속의 생각과 결단은 절대로 흔들리지 않습니다.

타인에 대한 불평과 불만을 서슴없이 말하고 자신의 견해로 사람들을 몰아붙이거나 한번 그렇게 믿으면 끝까지 그렇다고 여기는 것입니다. 자기의 주관만 존재하고 객관을 인정하지 않으며 남들의 의견과 평가를 무시하고 자기 생각만 주장합니다. 자신이 부정적이고 남들을 불편하게 만드는 사람들인데도 자신만의 고집을 부리며 분노

우리 아이 성적이 올랐어요

의 표현을 자제하지 못하고 직간접적인 피해를 주기도 합니다.

이런 성향이 짙어지면 다른 사람과 교류할 수 없게 되고 경직되고 강한 자아로 인해 더욱 반항적이 되어 갑니다. 어릴 적에 기를 살려 준다고 특히 할머니들이 어린 손자들을 키울 때 모든 일에 '오냐, 오냐' 하는 것은 그다지 좋지 못합니다. 꾸중하는 부모의 반대편에서 할머니가 아이의 손을 들어 주면 승리의 기쁨과 만족감을 느끼고 할머니 품에서 어리광을 피우는 어린아이들을 종종 볼 수 있습니다. 이러한 양육 태도는 나중에 문제가 될 수 있습니다. 늘 자기 뜻대로 모든 일이 이루어졌던 사람들은 그것이 굳어져 버리면 언제나 자기 생각이 옳다고 여기기 쉽습니다. 할머니와 자라는 아이들이 정서적으로 안정되고 외로움을 느끼지 않는 것은 좋은 점이나 또 다른 나쁜 뿌리가 자라는 것은 미리미리 방지해야 합니다. 어릴 적에 적당히 야단맞을 만큼은 맞아야 하는데 다 커서 어른이 된 다음에 매를 맞는다 할지라도 고치기 어려운 것은 당연합니다. 하지만 늦었다고 생각될 때가 가장 빠르다는 말처럼 지금이라도 필요하다면 야단을 맞고 혼이 나는 수밖에 없습니다.

학습은 교육자와 피교육자인 학생이 상호 소통, 교류, 협업하는 과정인데 이 경우는 학생 자신의 지나친 자기주장으로 인하여 효율적 학습 과정이 이루어지지 못하는 상태입니다.

고집형으로서 과잉으로 자기주장을 일삼는 학생들은 일단 일방적인 자기 중심성에 변화가 있어야 합니다. 일단은 쓸데없는 자기 고집을 인지하고 해체해야 다른 사람의 말에도 귀를 기울일 수 있는 준비가 되는 것이고, 그 준비가 된 후에 조금씩 연습과 실습을 통하여 마음을 열어나가야 학습의 효율성이 생기게 됩니다.

C 회피형 사실 이 유형은 BMN 장애를 크게 3가지 유형으로 나눌 때 가장 문제가 크고 개선하기도 어려운 유형입니다. 전반적으로 볼 때 가끔 만나는 사람들은 그 문제를 깨닫기 어렵습니다. 그러나 주변의 가까운 사람들은 너무나 답답합니다. 어떤 일을 진지하게 생각하거나 무엇을 하고자 하는 의지가 없는 것입니다. 아무리 같이 얘기해도 도루묵으로 딴소리만 하거나 얼버무리기 때문에 소용없다는 느낌만 들고 도대체 마음속을 알 수 없습니다. 그렇다고 다른 생각을 하거나 엉뚱한 꿍꿍이가 있는 것도 아니고 누구의 의견에 반대하지도 않으니 이해를 할 수 없는 경우라고 볼 수 있겠습니다. 아무리 가면을 벗겨 보아도 또 다른 가면을 쓰고 나타나거나 마음속에 무슨 생각을 하고 있는지 잘 알기가 어렵습니다.

이런 학생들은 사실 그대로 무엇이 없는 것입니다. 자기 자신의 주장이 있지도 않고 그렇다고 남의 주장을 믿는 것도 아닙니다. 그것은 무엇을 있는 그대로 받아들이고 삶을 살아가는 것이 아니라 그냥 회피하면서 주어지는 대로 살아가는 것입니다. 자기가 배가 고프고 무엇을 먹고 싶어서 먹는 것이 아니라 그냥 남들이 다 먹으니까, 혹은 밥 안 먹으면 엄마가 밥 먹으라고 성화를 하니까 그냥 먹는 것입니다. 학교에 가라고 하니 가고 집으로 가라고 하니 집으로 오는 것으로 매사에 적극적인 자아가 없고 회피적인 자아를 가진 것입니다. 모든 일에 무관심하고 어느 것이라도 그렇게 좋은 것도 나쁜 것도 없다고 단정 짓습니다. 남이 칭찬해 주어도 그저 그렇고 남이 무어라 욕을 하여도 그저 그런 반응으로 자신의 주장이나 견해를 만들지 않고, 남도 없고 나도 없다는 식입니다. 어떻게 보면 모든 것을 초월한 높은 경지에 이른 도사 같기도 하지만, 주관과 객관을 모두 부정하고 있는 상태는 정말 좋지 않은 것입니다.

자신의 일상생활에 직접 자발적으로 참여하는 것이 아니라 다른 사람의 삶을 대신 사는 것처럼 활력이나 의지가 보이지 않는 것이 회피적 유형입니다. 매사에 무기력하고 의욕이 없으며 미래에 되고 싶은 꿈도 없습니다. 부모로서는 단순히 게으르다고 생각할 수 있지만, 정도에 따라서 단순 게으름이 아니라 BMN에 문제가 생겼을 경우 이런 모습이 나타나게 됩니다.

이런 유형은 어떤 일의 현장에 직접 뛰어들도록 하는 것이 급선무입니다. 즉, 1등을 하든 꼴찌를 하든 달리기 경주를 직접 해야지 관중석에서 먼 하늘만 바라보고 있는, 이른바 방관자적인 행동을 고쳐야 합니다. 일단 아이가 작고 쉬운 일부터 자신의 온 마음으로 참여하고 거기서 얻은 성과에 기뻐할 수 있는 경험을 유도해야 합니다. 우선 집에서 가족 간의 대화를 할 때 직접적인 참여를 하도록 유도하는 것이 좋습니다. '놀이터에 나가서 놀까?', '저녁으로는 무엇을 해 먹을까?', '어떤 옷을 입을까?', '청바지를 입을까?', '면바지를 입을까?' 하는 작고 일상적인 일부터 스스로 선택하고 경험을 하도록 하는 것이 좋은 방법이 될 수 있습니다. 무슨 일이건 스스로 흥미를 느낄 수 있도록 배려해 주고 회피적인 성향을 스스로 버릴 수 있도록 유도한다면 조금씩 변화가 생길 것입니다.

BMN 장애의 인지적인 유형

보고seeing, **듣고**hearing, **읽고**reading, **쓰고**writing, **말하기**speaking**의 장애** 학습의 기본은 교과서나 영상, 교사의 가르치는 내용에 대해 보고 듣고 쓰고 말하기입니다. 위의 기능은 대충 보면 어느 학생이나 문제가 없는 듯하나 의외로 많은 학생이 자의적으로 인지 판단을 하며 전체적인 이해를 하지 못하고 부분적인 이해나 왜곡된 이해, 자의적인 이해를 하는 경우가 많습니다. 학습을 위한 위에서 말한 5가지 기본 기능에 문제가 있는 경우 정확하고 효율적인 학습이 이루어지지 않고 응당 준비되어 있다고 생각하는 수준이 준비가 안 되어 있어서 헛공부를 하고 있는 경우가 많습니다.

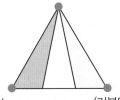

기본멘탈구조

Basic
Mental
Network

BMNBasic Mental Network(기본멘탈구조)는 학습이 효과를 발하기 위한 가장 기본적인 감각과 사고의 틀을 말합니다.

공부를 나름대로 하긴 하는데도 성적이 오르지 않는다면 BMN의 구조에 문제가 있는 것입니다.

BMN은 그 내부에 10가지 도구를 가지고 있습니다.

seeing   hearing   reading   writing   speaking

이 5가지와 이것을 바탕으로 한

analyzing   reasoning   sensing   expressing   creating

이 10가지 도구가 제대로 기능할 때, 학습의 내용이 왜곡없이 인식되면서 제대로 이해, 흡수, 소화되어 자기의 지식이 됩니다.

BMN에 장애가 생기면

❶ BMN의 기본요소인 계산, 추론, 비교, 분석능력이 떨어지면서 기본적인 이해가 잘 이루어지지 않게 됩니다.

❷ BMN의 상위기능인 평가, 판단, 직관, 창조능력이 떨어지면서 문제해 결능력이 떨어지게 됩니다.

BMN은 기본적으로 초등학교 고학년부터 형성시키면 가장 좋습니다. 이 시기를 놓치면 공부를 해도 학습의 내용이 100% 소화되지 않고 효율이 떨어집니다. 이런 경우라면 학습량이나 공부시간만늘리기보다는 부족한 BMN의 기초부터 다시 채워나가는 것이 훨씬 성적향상의 효과가 좋습니다

또한, 이 5가지 기본 기능을 바탕으로 다음 단계인 분석하기 analyzing, 추론하기reasoning, 감각하기sensing, 표현하기expressing, 창조하기creating 등의 다음 단계의 인지 기능으로 발전해야 하는데, 기본 기능 위의 상위 인지 기능이 형성되지 않아서 학습의 효율성과 문제 해결 능력이 떨어지게 됩니다.

마치 건축에서 기본이 되는 벽돌의 크기가 일정치 않거나 불량이어서 건축물에 문제가 생기는 경우로 비유할 수 있습니다. 뜻밖에 다수 학생이 이러한 문제를 가지고 있습니다.

SMN
: 목표 멘탈 구조

여기까지 읽다 보면 여러 가지 의문이 생길 것입니다. 부모님 밑에서 학대를 받고 자랐거나 고아원에서 부모의 좋은 양육 없이 자란 사람들은 FMN이나 BMN에 문제가 있었을 텐데 그들 중에서 공부를 잘하거나 성공한 경우는 어떻게 된 것일까요?

대표적으로 미국 빌 클린턴 대통령을 예로 들 수 있습니다. 빌은 알코올 중독 양아버지 밑에서 성장했는데 아버지가 걸핏하면 주먹을

휘둘렀고 10살 때까지 대부분의 시간을 혼자 보냈다고 합니다. 그런데 빌은 어떻게 어릴 적의 상처를 극복하고 미국 대통령까지 된 것일까요? 빌은 남들보다 SMN Spiritual Mental Network가 잘 발달하여 있는 경우입니다. SMN이 강력한 사람들은 목표에 대한 집중력과 몰입도가 일반 사람들과 차원이 다릅니다. 10대 때 빌은 존 F. 케네디와 마틴 루서 킹, 로버트 케네디를 자신의 롤모델로 삼아 정치가의 꿈을 키워 나갔고, 아칸소 내의 인종 갈등을 목격하면서 흑인 인권 문제에 관심을 가졌다고 합니다. 불우한 가정환경에서 부모를 원망하며 반항하고 시간을 보내는 청소년들도 많은데 클린턴은 어린 시절 혼자 보내는 시간 동안 자신의 미래를 구상하고 어떻게 살아야 할지에 대한 고민을 많이 했을 것입니다.

헝그리 정신도 이 SMN에 해당하는 영역입니다. 그럼 상대적으로 헝그리 정신이 부족하기 쉬운 여유 있는 부자 집안의 아이들은 어떻게 이러한 정신력을 만들 수 있을까요? 헝그리 정신을 만든다고 해병대 극기 훈련 교육을 보내자는 부모도 있는데 그런다고 하여 없던 헝그리 정신이 만들어지는 것은 아닙니다. 또한, 헝그리 정신으로 공부를 잘하여 원하는 직업을 얻고 성공한 경우, 어느 단계에 이르게 되면 FMN, BMN에서 해결되지 않은 문제가 발생하여 인생에서 큰 어려움을 겪기도 합니다.

부모는 자녀들에게 공부에 대한 동기 부여를 위해 성적이 오르면 선물을 사 준다거나 공부 못하면 마치 인생이 실패한 것처럼 겁을 주기도 하지만, 이런 방법으로는 아이들의 SMN을 자극할 수는 없습니다. '비록 내일 지구 종말이 온다 하여도 오늘 한 그루의 사과나무를 심겠다.'고 말한 스피노자라는 철학가는 하이델베르크 대학에서 철학 교수직을 제안했을 때 자신을 움직이는 것은 좀 더 나은 지위에 대한 희망이 아니라 평안에 대한 사랑이라며 그 제안을 거부하고 죽을 때까지 렌즈 가공하는 일을 하면서 자유롭게 철학적인 사고를 할 수 있었습니다. 쉽게 말해 SMN은 사람을 높은 가치의 영역으로 이끄는 견인력이고 능력입니다.

그럼 이러한 SMN은 어떻게 형성되는 것일까요? 무기력하거나 의욕이 없는 자녀를 둔 부모님들에게 무엇보다도 중요한 내용입니다. SMN은 앞서 설명한 FMN과 BMN과 밀접한 관계가 있습니다. FMN이 개선되지 않으면 FMN의 장애가 더욱 심각해지고 이와 비례하여 BMN의 장애도 더욱 심해집니다. 점점 악순환이 되어 가는 것입니다. 주변과의 상황이 악화하고 더는 자신의 힘으로 현실 상황이 개선될 여지가 보이지 않게 되면 점점 자기도 모르게 의욕과 의지를 잃게 됩니다. 공부에 집중하려 해도 자꾸만 잡념이 들고 불안이나 걱정, 초조함이 가득해집니다. 이 과목 공부하려 하면 부족한 다른 과목이 생각나고, 지나간 시간을 후회하기도 하며, 고통이 심한 경우에 아예 현실을 잊기 위해 인터넷 게임이나 문제 행동을 하면서 현실을 바라보지 않으려 합니다. 그 순간에는 공부해야 한다는 의무감, 부모에 대한 여러 감정, 자신의 미래에 대한 생각을 안 할 수 있기 때문입니다.

우리 아이 성적이 올랐어요

청소년기는 정신적으로 부모에게서 독립하면서 점점 자신의 정체성을 찾아가고 자신에 대해 생각하면서 미래에 관한 꿈을 꾸는 시기입니다. 하지만 이런 과정이 제대로 이루어지기 위해서는 정서 심리 상태가 안정되는 것이 필수인데 FMN, BMN에 문제가 많을수록 정서 심리 상태는 불안할 수밖에 없어서 미래로 나아가는 추진력도 약해집니다. 또한, 자신의 꿈과 미래를 생각하고 계획하고 노력해야 하는 시간에 남 탓, 주변 탓, 부모 탓, 문제 행동, 잡념 등 과거에 얽매일 수밖에 없습니다. 이런 경우 자연히 SMN에도 문제가 생깁니다.

SMN은 성적이 실제로 향상되기 위한 자기 창발적 목표 지향적 정신 구조를 의미하는 것입니다. SMN이 강하면 공부 과정의 어떠한 방해물이라도 제거하면서 스스로를 차원 이동시키고 목적에 이끌리게끔 합니다. 스스로 발전되고 진행되는 강력한 공부 욕구가 자발적으로 만들어지고 자기 주도형 공부 동기가 유지됩니다. 이 상태를 공부 혼Spirit of Learning에 불이 붙었다고 합니다.

반면 SMN이 약하면 스스로 공부를 하더라도 공부가 의무, 책임이 되어 자신이 노력하는 것 이상의 성과는 거두기 어렵습니다. SMN이 활성화되어야 노력이 아닌 자연적인 흐름이 일어나면서 막혀서 안 흐르던 원래의 흐름이 흐르기 시작합니다. 이 단계가 되면 원래 학생 자신이 가지고 있던 수준을 넘어서는 자기 창조self-creation가 일어나면서 자신의 목적과 미래를 위해 공부하고, 공부에 보람, 즐거움, 기쁨을 느끼는 수준으로 이동합니다.

SMN은 인간에게 있어 가장 강력한 원동력이 될 수 있지만, 한편으로는 FMN과 BMN의 건강함이라는 선행 조건이 받쳐져야 합니다. FMN과 BMN의 개선 없이 SMN이 저절로 향상될 수는 없습니다. 마치 산수를 잘해야 수학을 잘할 수 있는 것과 같은 원리입니다. 학생들이 아무리 계획표를 세우고 공부하려고 마음먹어도 SMN에 문제가 있으면 성적이 기대만큼 오르지 않는다며 금방 좌절하고 포기하게 됩니다. 또한, 주변의 스트레스에 쉽게 좌지우지되어 '무엇무엇 때문에 공부할 수가 없다.'는 환경 탓만 하게 됩니다.

그렇다면 SMN을 어떻게 개발시킬 수 있을까요? 많은 부모님이 아이들에게 꿈을 갖게 하고 동기 부여를 하려고 캠프도 보내기도 하며 직업 체험도 시키지만, 이것은 생각보다 효과가 없습니다. 무기력하고 무의욕적인 아이들은 심리적으로 문제가 있기 때문에 이 문제를 해결하지 않는 한 아무리 좋은 자극도 그렇게 효과적이지 않습니다. 오히려 동기를 가로막는 요인을 분석하고 파악하여 그 요인을 제거하는 것이 좋은 방법입니다. 동기를 가로막는 요인이 그대로 있는데 동기 부여를 한다고 하여 동기가 발생하는 것은 아니기 때문입니다.

일반 독서, 신문 읽기, 종교 서적, 철학 교육, 주제에 따른 가족들의 토론과 대화, 부모님의 정신성 등이 자녀들의 SMN을 향상시킬 수 있는 방법들입니다. 특히 어린 시절의 호기심 갖기, 생각해 보기, 추론해 보기, 개념 습득하기 등도 좋은 밑거름이 됩니다. 부모님이 내적인 정신적 가치를 가지고 도전하는 태도를 보이고 보편적이고 지

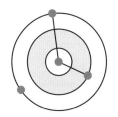

목표멘탈구조
Spiritual
Mental
Network

SMN<small>Spiritual Mental Network</small>(목표멘탈구조)은 성적이 실제적으로 향상하기 위한 자기 창발적 정신구조를 의미합니다.

SMN이 강하면 공부과정의 어떠한 방해물도 제거하면서 스스로를 차원이동시키고 목적에 이끌리게끔 합니다.

즉, 스스로 발전되고 진행되는 강력한 공부욕구가 자발적으로 만들어지고, 자기주도형 공부동기가 자발적으로 유지됩니다.
이 상태를 공부혼Spirit of Learning에 불이 붙었다고 합니다.

반면, SMN이 약하면 스스로 공부를 하더라도 공부가 의무, 책임이 되어 자신이 노력하는 것 이상의 성과는 거두기 어렵게 됩니다.

SMN이 활성화되어야 노력이 아닌 natural flow가 일어나면서 막혀서 안흐르던 원래의 흐름이 흐르기 시작합니다.
이 단계가 되면 원래 학생 자신이 가지고 있던 수준을 넘어서는 self-creation이 일어나면서 자신의 목적과 미래를 위해 공부하면서 공부에 보람, 즐거움, 기쁨을 느끼는 수준으로 이동합니다.

향적인 추구를 하는 것을 일상생활에서 보여 줄 수 있으면 가장 큰 효과를 볼 수 있으며, 적어도 다양한 책 읽기, 신문 읽고 서로 토론해 보기, 인문 철학적 교육을 성장하기 전에 받기, 철학적으로 생각해 보기 등이 SMN의 크기를 확대할 수 있습니다.

SMN의 장애의 3가지 유형

A 목표 부재나 실종 SMN 장애 유형 역시 크게 세 가지 경우가 있을 수 있습니다. 첫 번째는 목표 부재나 실종의 유형입니다. 예를 들면 특목고 등을 목표로 공부해 오다가 인생에서 처음으로 실패하고 나서 크게 좌절하여 다음 목표 자체를 잡는 것을 두려워하는 경우입니다. 공부에 집중하지 못하고 오히려 옆길로 새면서 시간을 낭비하는 경우도 있고, 부모가 자녀의 목표를 대신 만들어 주어, 자녀는 부모가 시키는 대로 하는 것이 본인에게도 나쁘지 않다고 여겨 부모의 뜻을 따르는 경우가 있습니다. 이 경우는 부모와 자녀가 서로 뜻이 맞아 같이 잘 해 나간다면 문제가 없지만, 부모 뜻에 맞춰 준다는 식으로 공부해 나가고 있는 경우에는 학생의 내면은 공허해지고, 만족감을 못 느끼는 공부를 계속하게 되어 결국은 지쳐버립니다. 또

우리 아이 성적이 올랐어요

정말 단순하게 목표나 꿈이 생기지 않아서 조용히 성실하게 학생의 의무는 다하고 있지만, 장애물을 뛰어넘는 강력한 동기도 목표도 없는 경우도 있습니다. 이 경우에도 정말 시간적인 문제여서 학령기를 넘어 성인이 되어 자신의 적성을 발견하고 성공하는 경우도 있지만, 대부분은 목표를 설정하는 것 자체가 두렵고, 목표를 잡는다는 것이 인생을 결정한다는 부담감과 자신 없음, 확신 없음으로 이어져 시간을 낭비하는 모습을 보이게 됩니다.

목표가 있다는 것은 도착하고 싶은 목적지가 확실하다는 의미입니다. 공부하는 학생이라면 누구나 발전하고 성장하고 있는 과정이므로 그 발전을 촉진하는 의미에서라도 목표가 확실한 것이 그 시간을 단축시켜 주는 역할을 합니다. 심지어 목표를 정해 놓아도 중간에 길을 잃기도 하는 것이 현실인데, 목표가 없다면 길을 찾지 못하고 엉뚱한 곳을 헤맬 가능성이 더 크다고 할 수 있습니다. 공부라는 과정이 누구나 가고 있는 길이니 남들이 하는 대로 주변을 쫓아가는 경우가 많습니다. 그리고 그 안에서 오히려 남들이 하는 대로 하는 것에 안도하기도 합니다. 사실 이러한 경우가 너무나 많아서 문제의식을 느끼지 못하기도 합니다. 조금만 깊이 생각해 보면 목표의 부재와 실종은 목적지를 정하지도 않고, 비행기가 이륙하는 것과 같습니다. 또는 목적지가 없으므로 비행기는 이륙도 못 해 보고 말거나 다소의 어려움이 생기면 그것을 돌파해 나가지 못하게 됩니다.

B 인생의 의미나 가치를 모름

목표 멘탈 구조는 선천적으로 타고 나는 소수의 사람 빼고는 대부분 양질의 교육, 독서와 사색, 예술 감상, 철학적 사고에 의해 길러집니다. 그리고 세상에는 다양한 가치들이 존재합니다. 자신만의 가치관과 세계관, 인간관을 가지는 것은 인간으로서 성장 발전해 나가는 데 꼭 필요한 과정입니다. 인간으로 태어나서 얻는 가치들은 셀 수 없을 만큼 다양하고 많습니다. 꼭 위대한 인물이어서가 아니라 한 사람으로서 이 세상과 만나고 교류하고 세상을 보고, 인간이 가지고 누려 볼 수 있는 최상의 정신들을 경험하고 개척해 보는 것입니다. 새로운 생명으로 세상에 태어난 것만큼이나 경이로운 일들이 세상에는 가득한데, 우리는 그런 놀라움과 기쁨에서 멀어져 있고, 일상에서 매일의 공부와 과제와 코앞에 시험에 파묻히는 것이 다반사입니다. 하지만 인생의 의미와 가치에 대해 사색할 수 있고, 느낄 수 있는 멘탈을 유지하기 위해서는 일상생활의 공부에 목표 멘탈 구조를 키워 나갈 수 있는 훈련이 병행되어야 합니다.

공부할 때든, 인생에서든 자신의 목표를 생각하기만 해도 가슴이 설레고, 정신이 바짝 차려지게 되는 자신이 되고 싶고, 이루고 싶은 무엇이 있다는 것은 정말 행복한 일입니다. 게다가 그 목표라는 것이 현실적으로 사람들에게 인정도 받고, 성공과 일치한다면 더 바랄 것이 있을까요?

C 미래에 대한 도전과 기대가 없음

미래는 단순히 현재의 시간이 흘러가서 오는 것이 아니라 지금과는 다른 차원, 다른 세계가 올 때 진정한 미래라고 할 수 있습니다. 그날이 그날이고 단순히 현재가 연장되어서 오는 미래라면 그것에 대한 기대나 설렘도 없고, 미래가 올 때 성취감이나 희열감도 없습니다. 인생은 현재에서 미래로의 비약이나 도약이 있어야 합니다. 현재 관점에서 새롭고 풍성한 관점으로의 확대 심화 과정이 있어야 공부라는 고생이 보람이 있고 의미가 있을 수 있습니다. 높은 알프스 산에 올라갈 때, 등반 과정에서 만나는 풍경의 신선함, 아름다움, 경이로움, 또 땀 흘리는 과정에서 몸과 마음의 치열한 도전 과정, 어려움 끝에 정상에서 느끼는 희열감, 성취감, 충만함 등이 모두 어우러져 알피니즘의 정수를 맛보듯이 하나의 등정 목표를 세우고 또 어려움을 극복하고 그것이 얻어진 미래의 열정적인 기대를 할 수 있을 때 진정 인생은 풍요롭고 창조적일 수 있습니다.

4부

성적 부진
탈출과
성적 향상을
위한
솔루션

성적 향상의
7가지 방해 요소

    사이드 브레이크를 올린 차 혹은 타이어가 펑크 난 차로는 아무리 빨리 달리려고 해 봐야 속도도 나지 않으며 동시에 운전하는 사람도 피곤하기만 합니다. 마찬가지로 성적이 좋지 않은 학생에게는 학습을 방해하는 요소가 내부적, 외부적으로 자리 잡고 있기 때문에 공부하는 것 자체가 매우 피곤한 일이 되고 점점 피하고 싶은 일이 됩니다.

성적향상의 7방해요소

- •집중력장애
- •지시 불순종
- •환경적 요인
- •저하된 컨디션
- •학습동기결핍
- •비효율적 학습
- •성격적 요인

앞에서 성적 부진에 이르는 과정에 대해 FMN, BMN, SMN을 단계적으로 설명했는데, 요약하자면 FMN, BMN, SMN의 문제가 발생하면 필연적으로 7가지 방해 요소가 발생합니다. 그런데 결과적으로 성적이 오르지 않는 이유는 7가지 방해 요소가 유기적으로 복합적으로 작용하여 영향을 미치는 것이 핵심적 요소로 자리 잡고 있기 때문입니다. 따라서 성적 향상을 위해서는 이 7가지 방해 요소들을 우선으로 제거하고 성적을 향상할 수 있는 요소들을 습관화시켜야 합니다. 하지만 이러한 성적 부진의 원인을 모두 안다고 할지라도 이것을 스스로 고치기는 쉽지 않습니다. 이미 자기 식대로의 공부 방식, 사고방식, 생활 방식이 굳어져 있기 때문입니다.

이 성적 부진의 7가지 방해 요소는 장기간에 걸쳐서 형성되어 온 학습에 부정적인 영향을 미치는 요인들로서 심리적, 정서적, 행동적, 환경적, 인지적, 성격적, 신체적 문제를 모두 포괄하고 있습니다. 성적이 우수한 학생들은 이 7가지 방해 요소가 거의 없거나 혹은 스스로 컨트롤 하는 방법을 알고 있습니다.

이 요인들의 극복, 제거, 파괴 없이는 학생 스스로가 공부할 마음이 나지 않고 공부를 하게 되더라도 너무나 비생산적이고 힘든 노동이 되어 공부에 대한 자신감을 잃게 되면서 공부 외의 다른 쪽에 관심을 갖게 되기 쉽습니다.

우리 아이 성적이 올랐어요

집중력 장애   집중력은 성적을 향상하는 데 가장 중요한 요소 중 하나입니다. 집중력이 부족한 학생은 평상시 공부할 때뿐 아니라 실제 무대 즉, 시험 볼 때 혹은 수능 시험에서 집중력이 떨어져서 시험을 망치는 경우가 있습니다. 이것은 꼭 공부에만 해당하는 것이 아닙니다. 직장 생활에서 혹은 면접을 보거나 인생의 중요한 순간에서 평상시보다 못한 실력으로 계속 자신에게 손해만 발생하는 패턴이 자리 잡기 쉽습니다.

집중력이란 단순히 공부 시간에 집중하는 것, 즉 몰입만을 의미하지는 않습니다. 순간적인 몰입을 말하기도 하지만 공부의 전 과정(학교 수업, 복습, 시험 기간, 시험, 시험 결과 평가)을 통하여 지속해서 이루어져야 하는 공부 내적인 부분과 공부를 하기 위한 조건을 준비하는 것 전체를 포함하는 능력입니다. 성적이 부진하다는 것은 공부 시간에 집중하지 않았든, 시험 볼 때 집중을 못 했든, 일상생활에서 자신에게 집중하지 못한 것이든 이 모든 것을 포함합니다.

집중을 못 하고 산만하거나, 딴생각을 많이 하거나, 외부의 자극에 쉽게 휩쓸려 버리는 학생에게 일방적으로 집중 좀 하라고 책망하고 다그치는 것은 해결 방법이 되지 않습니다. 내적 요소인 기본 마음 구조의 잡생각을 제거하는 과정을 거치는 것이 우선되어야 하고, 그 이후에 기술적인 집중력을 늘리려는 방법들을 학생이 스스로 이루어 가도록 돕고 코치하는 것이 필요합니다. 집중력을 향상하는 법에 대해서는 7가지 성공 요소에서 다시 한 번 설명하기로 합니다.

학습 동기 결핍

어떤 일을 꾸준히 하기 위해서는 명확한 목표나 동기가 필요합니다. 동기는 외부로부터 발생하는 외적인 동기와 스스로 목표를 세우는 내적인 동기가 있습니다. 많은 학생이 공부하는 이유는 부모님이 시켜서 혹은 공부를 잘해야 선생님이나 부모님으로부터 인정을 받을 수 있다는 외적인 동기로부터 시작하게 됩니다.

하지만 이런 외부 자극에 의한 동기는 강력한 힘이 생기지 않습니다. 어떤 계기가 생기면 금방 흔들리기 마련입니다. 부모님 때문에 억지로 공부해서 성적을 어느 정도 유지하다가도 사춘기가 되어 부모님에 대한 반항심이 생긴다거나 학교에서 억울하게 선생님께 혼난다든가 하는 일이 발생하면 외적인 동기 자체가 흔들립니다. 더는 부모님이나 선생님으로부터 인정받고 싶은 욕구가 없어지며, 오히려 그 욕구가 반발심이나 반항심으로 변하여 공부를 안 하게 만드는 부정적인 힘이 되기도 합니다.

내적인 동기는 학생 스스로 미래에 대한 꿈을 가지게 되거나 혹은 어려운 가정을 일으켜야겠다는 성공 욕구 혹은 '내가 최고가 되어야겠다.'고 하는 자신감 등에서 발생하는데, 무엇보다도 강력한 목표가 설정되기 때문에 중간에 어떤 어려움이 있어도 밀고 나갈 수 있는 추진력이 됩니다.

외적인 동기에는 의무감으로 변질하여 공부에 재미를 붙이지 못하고 억지로 해야 한다는 생각, 부모님에게 야단맞지 않으려면 해야겠다는 생각 등이 공존해 성적이 오르는 데에 한계가 있습니다.

우리 아이 성적이 올랐어요

지시 불순종　공부를 잘하려면 자기 고집을 부리지 않고 선생님이 가르치는 대로 그대로 믿고 따라가야 합니다. 운동하거나 음악 레슨을 받을 때 처음에 자기 식대로 해서는 절대로 기초를 쌓을 수 없습니다. 잘못된 폼과 자세, 태도를 교정받아 가면서 선생님이 시키는 대로 순종해야 기본이 쌓이고, 기본 실력이 쌓여야 응용할 수 있는 것입니다.

　학습이란 인성과 인격과 심성과 근면과 노력과 목표 의식의 종합적인 결정체입니다. 가끔 학생이 머리가 매우 좋아서 선생님을 우습게 알거나 선생님이 시키는 것에 대해 거부하는 경우가 있습니다. 공부와 관련하여 이런 상황에서 부모가 전적으로 학생 편에 서는 것은 좋지 않습니다. '선생님이 절대적으로 100% 맞다.'는 의미도, 어른이기 때문에 아이가 무조건 순종해야 한다는 의미도 아닙니다. 어느 단계에 오르기도 전에 아이가 자기주장이 강하고 자기 생각이 옳다고 여기게 되면 자기 식대로의 공부하게 되기 때문에 그다음 단계로 올라가기가 너무 어려워집니다. 학생의 생각이 부정적인 경향이 강하면 선생님이 어떤 좋은 이야기를 하여도 그것을 있는 그대로 받아들이기보다는 '무슨 의도가 있는 것은 아닌가?' 하고 의심하거나 자기를 위해 시키는 것임을 이해하지 못한 채 짜증부터 내게 됩니다.

　학생 중에 읽는 것도 잘 못 읽는 학생이 뜻밖에 많습니다. 읽으면서 계속 틀리거나 없는 단어를 이야기한다거나 조사를 빼먹는다거나 하는 식으로 눈에 보이는 글을 잘 못 읽는 것입니다. 이런 학생들에게는 일단 읽고 베껴 쓰도록 연습을 시키면 되는데, 대개가 베껴 쓰고 읽는 것에 거부감을 느낍니다. 자신이 무엇이 부족하고 어떤 점이 문제인지 전혀 모르면서 '내가 몇 살인데 이런 쉬운 것을 시키나' 하며 시키는 것에 대해 하지 않으려 합니다. 자신의 취약점을 개선하기 위해 시키는 것인데도 생각이 왜곡되어 있거나 자기 생각이 지나치게 강한 학생들은 오히려 이런 과제를 주는 선생님을 무시하거나 거부하는 것입니다. 오히려 공부 잘하는 학생들은 이런 단순한 과제를 주어도 선생님이 이런 과제를 주는 이유가 있으리라 여기며 묵묵히 순종하는 모습을 보입니다.

비효율적 학습　　우리 아이는 종일 공부하는 것 같은데 성적이 오르지 않아서 걱정이라는 부모님들이 많습니다. 'TV를 보는 것도 아니고 컴퓨터도 안 하는데 머리가 나쁜 건가?' 하는 생각도 합니다. 아이에게 물어보면 '별문제 없습니다.'라고 말하니 부모로서는 어떻게 도와줄 방법이 없습니다.

이런 경우는 학생이 효율적으로 공부하는 방법을 모르기 때문입니다. 회사에서도 똑같은 업무인데도 어떤 직원은 1시간 이내에 별로 어려움 없이 수월하게 끝내지만 어떤 직원은 4~5시간씩 걸려서 일하는 경우를 볼 수 있습니다. 시간이 오래 걸리는 경우 꼼꼼하게 작업했을 수도 있지만, 꼼꼼하지 않아도 될 일에 지나치게 꼼꼼하게 한 경우가 많습니다. 공부도 마찬가지입니다. 대충 읽고 지나가야 할 부

우리 아이 성적이 올랐어요

분에서 지나치게 시간을 보내고, 깊이 생각하고 파고들어야 할 부분은 오히려 건성으로 공부해서 결과적으로 학습 효과가 누적되지 않는 것입니다. 옆에서 보기에 잡념도 없고 딴짓도 안 하고 책상에 앉아 있는 시간은 많은데 정작 성적이 오르지 않으니 부모로서는 답답하기만 합니다.

이럴 때 공부 잘하는 친구의 공부 패턴을 관찰하는 것이 좋고, 그것이 어려운 경우에 과외나 학원 등에서 코치를 받아 자신의 학습 패턴에 대해 알아보는 것이 좋습니다. 일을 가장 빨리 배울 방법은 일 잘하는 사람을 그대로 따라 해 보는 것입니다. 자기가 스스로 연구해서 터득하는 것도 좋지만, 이는 시간이 오래 걸리고 자신이 무엇을 잘못하고 있는지 알기가 어렵기 때문입니다. 잘하는 사람의 노하우를 배우고 그대로 따라 하다 보면 자신의 문제점도 알게 되고 개선하는 데 걸리는 시간을 단축시킬 수 있습니다.

환경적 요인 아이가 미래에 대한 꿈을 갖지 않는 것을 불안해하거나 답답해하는 부모들이 있습니다. 그런데 미래에 대한 꿈을 가지려면 사실 책을 많이 읽어야 합니다. 아니면 부모나 가족, 친척 중에 아이의 롤모델이 될 수 있는 사람이 있는 것도 좋습니다. 아직 어린 아이가 어떻게 자신의 적성을 알고, 하고 싶은 것을 찾을 수 있겠습니까. 대부분 학생들이 어릴 때 갖는 꿈은 부모님이 원하는 꿈이 그대로 주입되어 자신의 꿈이라고 생각한 것입니다. 혹은 위인전을 보면서 자신도 그와 같이 되고 싶다는 동일화가 일어나 꿈을 품게 되는 것이 보통입니다.

아이가 책을 싫어하는데 어떻게 해야 하나 고민하는 부모들이 많습니다. 책을 읽게 하려고 어릴 때 전집을 사 주거나 위인전 시리즈를 사 주면서 읽으라고 강요한다고 책을 읽는 것이 아닙니다.

이런 우스개 이야기가 있습니다.

〈의사 아버지와 판사 아버지와 사업가 아버지가 있는데 공부를 가장 잘하는 아이를 둔 아버지가 누구일까?〉

답은 판사 아버지를 둔 아이입니다. 그 이유는 판사들이 법원에서 처리하지 못한 서류를 집에 가져와서 일하는 것을 보고 아이들은 아빠가 책을 읽는다고 생각하고 따라 책을 읽게 된다는 것입니다. 아이들이 책을 많이 읽게 하려면 부모들이 책을 읽는 모습을 자주 보이면 됩니다. 부모들은 책을 안 읽으면서 아이에게 책 읽으라고 잔소리하면 아이들은 오히려 책을 싫어하게 됩니다. 아이들은 부모를 그대로 따라 합니다. 좋은 습관이든 나쁜 습관이든 어린아이들은 부모가하는 것이 전부이기 때문입니다. 부모가 책을 좋아하면 아이는 어릴때부터 당연히 책을 읽는 것으로 생각해 따라 읽다가 책 읽기의 재미를 알게 됩니다.

성격적 요인 많은 부모들이 아이 성격보다는 성적에 관심을 두고 있는 것이 대한민국의 현실입니다. 그런데 성적을 올리기 위해서는 무엇보다 아이 성격을 한번 곰곰이 살펴볼 필요가 있습니다. 성격은 단순히 친구 관계와 대인 관계에서나 중요한 것으로 생각하기 쉬운데, 성격에 문제가 있으면 자신의 에너지가 불필요하게 많이 소모되기 때문에 공부뿐 아니라 일상생활에서 항상 힘들고 지치기 쉽습니다.

즉, 성격이 예민하다거나 대인 관계에 자신이 없다거나 소극적이고 수동적인 성격이 강하면 같은 일을 해도 남들보다 몇 배는 힘이 들고 에너지를 많이 사용하게 됩니다. 차를 끌고 한 시간 운전하는데 이것저것 신경 쓰는 사람이라면, 그렇지 않은 사람과 달리 완전히 진이 빠지게 되는 것과 마찬가지입니다. 친구들과 약간의 다툼이 있었을 때, 어떤 아이는 그냥 대수롭지 않게 잊어버리고 자신의 공부에 집중하는데 어떤 아이는 집에 와서도 그 일을 잊지 못하고 계속 씩씩거리거나 그 친구를 볼 때마다 계속 그 일 때문에 괴로워서 공부할 때도 그 생각만 하는 경우가 있습니다. 그러니 똑같이 100의 에너지로 공부하더라도 이 아이는 20~30의 에너지로만 공부하고 나머지 70~80은 그 친구를 생각하는 데 소모하는 것입니다.

성격은 타고난 부분도 있지만, 어린 시절 부모의 양육에서 형성되는 요인이 매우 큽니다. 성격을 개선하는 것은 하루아침에 되지도 않고, 부모에게 문제가 있는 경우는 특히 아이 성격을 바꾸기가 힘들어서 무엇보다 아이 성격을 바꾸기 위해서는 부모가 자신의 문제와 양육 패턴에 대해 객관적으로 분석하고 변화하려는 노력이 필요합니다.

저하된 컨디션　공부만 하려 하면 머리가 아프거나 소화가 안 되거나 설사가 나온다거나 하는 식으로 몸의 어느 부분의 문제를 호소하는 학생이 많습니다. 정작 병원에서 진찰을 받으면 뚜렷한 진단을 내리기 어려운 경우가 많아 부모 입장에서는 공부하기 싫어서 꾀병을 부리는 것이 아닌가 하는 생각도 하게 됩니다. 그런데 대부분 학생들이 호소하는 증상은 어느 정도 실제 느끼는 통증이 많습니다. 이런 것을 심인성 신체 질환psychosomatic disease이라고 하는데, 심리적인 요인으로 신체에 어떤 증상이 발생하는 것을 의미합니다.

요즘에는 아침에 학교 가라고 깨울 때마다 못 일어나는 학생들이 많아졌습니다. 안 일어나는 것이 아니라 몸이 피곤하고 지쳐서 일어나지 못하는 것입니다. 그런데 학교 가는 날이 아닌 날에는 깨워도 금방 잘 일어납니다. 부모 입장에서는 당연히 꾀병처럼 보이기도 하지만, 아이가 실제로 피곤해 하니 한의원에도 데려가 한약도 먹이고 온갖 치료를 다 시도해 봅니다. 그러나 그다지 효과가 없습니다. 왜냐하면, 아이가 학교에 가는 것을 거부하는 심리적 요인이 해결되지 않았기 때문입니다.

이런 학생들은 평상시에도 항상 피곤해 있고 의욕이 없으며 우울증이 있거나 하여 공부에 써야 할 에너지가 부족합니다. 체력을 키우기 위해 운동을 시키거나 보약을 먹여도 소용이 없습니다. 부모 입장에서는 아이 건강이 우선이므로 공부에 대한 기대는 점점 낮추게 되고 아이가 학교만 제대로 졸업하기를 바라는 마음으로 아이를 대하게 됩니다.

이런 경우에는 전문 기관을 찾아가 아이의 심리적 상태와 문제를 분석하고 도움을 받아야 합니다. 아이를 그대로 놔두다가는 점점 무력감에 빠지게 될 가능성이 크기 때문입니다. 성적 부진을 초래하는 7가지 방해 요소를 하나씩 파악해서 제거해야만 성적 부진이 해결됩니다.

성적 향상의
7가지 성공 요소

흔히 '우리 아이는 머리가 좋은데 인내심이 없어서 공부를 안 합니다.'라고들 합니다. 하지만 성적이 향상되도록 하는 끈기와 의지는 도구가 아니라 결과입니다. 끈기와 의지가 일어나려면 마음속에서 계속 공부에 대한 발화firing가 일어나야 합니다. 즉, 공부 혼이 발생하여야 합니다. 그런데 이 공부 혼은 저절로 발생되는 것이 아니고 좋은 이야기를 주입식으로 한다고 되는 것도 아닙니다. 공부 혼이 발생하기 위해서는 몇 가지 요소들이 필요한데, 이것에 성적 향상의 7가지 성공 요소라는 이름을 붙여 보았습니다. 성적 향상의 7가지 성공 요소는 공부 혼을 발화시키기 위한 핵심적 요소들입니다.

우선 1차적으로 학습을 방해하던 7가지 요소들을 제거하여 학습의 기본과 습관이 갖추어진 후 성적 향상의 7가지 성공 요소를 투입해야 합니다. 이를 통해 스스로 저항과 한계를 넘어서서 집중하고 매진하고 몰두하여 진정한 자기 주도 학습이 일어나게 됩니다.

이 7가지 요소들이 원활히 작용해야 스스로 공부를 하는 모습이 나타나며 이 7가지 요소들이 공부뿐만 아니라 자신의 미래를 적극적으로 계획하고 개척해 나가려는 태도를 가져오게 됩니다.

진정한 자기 주도는 "자기 주도 학습을 해라"가 아니라 "자기 주도 학습이 일어나야 한다."는 것입니다. 즉, 자기 주도의 주입이 아니라 자기 주도의 창출이 일어나는 것입니다. 이것이 진정한 자기 주도 학습이며, 지속적인 성공 요소의 투입을 통해서 학생의 정신 속에서 발화됩니다.

성적 향상의 7요소를 갖추게 되면 학생은 성적이 오를 뿐 아니라 당당하고 힘차고 건강해지면서 꿈과 목표를 가지고 미래를 지향, 도전하게 되며 이것을 바탕으로 지금까지와는 전혀 다른 미래를 그려 나가게 됩니다.

성적향상의 7성공요소

- 집중력
- 분발심
- 인내심
- 공부기술
- 주체성
- 창의력
- 목표의식

우리 아이 성적이 올랐어요

집중력 집중력이 약한 아이에게는 단계적인 훈련이 필요한데 다음과 같이 3단계의 훈련을 해 보도록 합니다.

① 몰입 훈련 : 우선 흥미가 있는 과목부터 집중하는 연습을 합니다.

학생이 흥미를 느끼고 있는 과목이라면 주요 과목이든 암기 과목이든 한 과목으로 시작해 보면서 아이 스스로가 집중의 재미와 효과를 체험하게 합니다. 방법은 그 수업 시간만은 선생님의 말씀을 농담까지도, 아니면 농담만이라도 필기하도록 하는 것입니다. 수업 시간에 들은 내용을 들으면서 속기하듯이 전체를 받아 적어 보는 것입니다. 노트 필기를 포함하여 교과서 설명이나 예를 드는 선생님의 설명까지 '전부 다 녹취한다.'는 생각으로 해 보는 것이죠. 처음에는 받아 적기가 힘들고, 선생님의 말씀을 놓치기 일쑤이지만, 하다 보면 필기 속도도 빨라지고 정확히 적기 위해서라도 선생님의 말씀에 귀를 기울이게 되고, 주변 친구들의 장난이나 딴짓에도 정신을 팔지 않게 됩니다. 이 과정을 통하여 학생이 몰입의 즐거움과 쾌감을 느낄 수 있게 됩니다.

부모 입장에서 아이를 더욱 격려하기 위해 아이가 필기한 것을 확인해 보고 필기를 제대로 잘한 것만으로도 칭찬해 주고, 성취감을 느낄 수 있도록 독려하는 것이 좋습니다. 그러면 아이는 더욱 재미를 느끼게 됩니다. 이렇게 지속한 필기 습관은 이 과목에 관하여 아이 스스로 자신감을 더욱 증진하게 됩니다.

이렇게 축적된 필기들은 시험 기간이 되면 그 빛을 발하게 됩니다.

보통은 시험 기간이 되면 아이들은 다시 노트나 교과서를 펼치면서 내가 이런 것들을 배웠었는지를 한참 동안 까먹고 있다가 다시 기억해내고 새롭게 공부하는 느낌이 들곤 합니다. 그러나 이런 필기 습관을 지니고 꾸준히 필기해 온 학생에게는 새로운 내용을 공부하는 막막함이 아니고 배웠던 내용을 다시 한 번 재정리하는 즐거운 정리 시간이 됩니다.

이런 습관으로 집중적으로 공략한 과목에서 좋은 점수를 맞게 되면 전체적인 공부 자신감도 살아나고 의욕도 새롭게 생겨나서 다른 과목들에도 영향을 미칩니다.

② 반복 훈련 : 하루에 정해진 시간을 엄수하는 공부 훈련

매일의 반복 공부에는 영어 단어 외우기나 수학 공식 외우기, 수업 시간의 내용 복습하기 등이 해당합니다. 수업 시간에 한 번 들었다고 해서 학생이 공부했다고 할 수는 없습니다. 그리고 수학 같은 경우는 수업 시간에 아무리 몰입하여 수업을 들었다고 하여도 학생이 직접 문제를 풀어보고 진행하는 과정 자체가 공부가 되기 때문에 학교에서 했던 문제들을 그날에 다시 반복하여 풀어 보는 것이 필수 과정입니다. 적어도 오늘 공부했던 내용이 시험 때가 되어 다시 보았을 때 생소하지 않을 정도는 되어야 합니다. 생소하지 않을 정도가 되려면, 그날 배운 내용을 백지를 놓고 써 보면서, 핵심적인 내용이 되었든 개요든, 떠오르는 단어들을 적고 자신이 얼마큼 받아들이고 이해했는지를 확인해 보는 작업이 이어져야 합니다. 시험 때가 되어 벼락

우리 아이 성적이 올랐어요

치기로 외울 생각을 버리고 하루하루가 시험 전날인 것처럼 오늘 배운 내용은 완전히 알아 버리겠다는 각오를 해야 합니다.

전 과목을 이렇게 하는 것이 무리가 있다면, 주요 과목만이라도 내일이 시험인 것처럼 완벽하게 이해하고 넘어가야 합니다. 철저한 습관을 만드는 과정도 집중력을 높이는 주요 과정입니다.

하루에 스스로 공부하는 시간을 정해 놓고 그 시간 자체를 지키는 것이 자신에게 집중하는 것이 됩니다. 그 시간에는 외부의 어떤 것도 공부를 방해할 수 없도록 철저하게 지킵니다. 혼자 하는 공부가 익숙하지 않은 학생이라면 1시간 단위로 나누어서 중간에 쉬는 시간을 넣어서 조절하고 집중하는 것이 어느 정도 안정이 되면, 시간을 2시간 정도로 늘려 보면서 자신의 최대치의 집중 시간을 경신해 보는 것도 좋습니다.

영어 단어 암기도 처음에는 10개 정도로 시작해서 점점 늘려 가면 스스로 재미를 느끼게 되고, 스스로 계획을 짜 가면서 자신의 가능성의 범위를 늘려가다 보면 자신을 탐구해 가는 맛을 알게 됩니다. 집중에도 단계가 있고 질적인 차이가 있습니다. 고도의 집중력을 만들기 위해서는 자신의 생활 태도와 자신의 공부 습관, 방법들을 계속하여 개선해야 합니다. 또 공부량과 성적 목표, 등수 목표 등을 구체적으로 정해 놓고 하는 것이 공부의 의욕을 더욱 살려 주기도 합니다.

③ 제거 훈련 : 공부 방해 요인을 제거하는 훈련

주변의 자극들을 스스로의 집중으로 꺼버려야 합니다. 학교에서 이렇게 행동하면 자칫 왕따를 당할 것 같아 겁도 나겠지만, 실제로 최상위권 성적을 받는 학생들은 다 이렇게 공부하고 있습니다. 우선은 남의 일에 신경을 끊고, 참견하는 버릇을 고쳐야 합니다. 물론 집에서 공부하는 도중에 엄마가 심부름을 시킨다고 그것까지 거부하는 것은 문제가 되겠지만, 거실에서 들리는 TV 소리나, 식구들이 하는 대화에 모두 참여하고 싶어 한다면 이미 공부는 물 건너간 것입니다. 공부를 하기 위해서 조용한 주변 조건, 안정된 학습 분위기를 만들기도 해야 하지만, 강력한 집중 자체는 이런 모든 것들을 꺼버릴 수 있을 만큼입니다. 즉, 집중력이 강한 학생들은 주변 탓을 하지 않는다는 이야기입니다.

학교에서도 집중에 방해되는 요소들이 있다면 과감하게 잘라 버려야 합니다. 친구들의 유혹도 매정하게 자를 수 있어야 합니다. 일시적으로는 친구들이 서운해할 수 있지만, 이것도 습관입니다. 같이 놀아 버릇하니까 놀 뿐입니다. 먼저 공부하는 모습, 진지한 모습을 보이면 주변 친구들도 물이 들게 됩니다. 초반의 친구 불만일랑 대범하게 넘기고 걱정하지 맙시다. 친구가 나의 미래를 책임져 주지는 않습니다.

이처럼 공부 자체에 대한 집중도 중요하지만, 주변의 방해 요소로부터의 해방은 스스로 만들어 가는 것입니다. 친구들의 잡담과 주변의 소음에 이끌려 다닌다면 자신만의 시간을 확보하는 것은 점점 더

우리 아이 성적이 올랐어요

어려운 일이 됩니다. 이러한 과정을 통하여 스스로를 컨트롤하는 힘도 생기고 주변의 자극에 끌려다니지 않고 스스로 자신의 페이스를 유지하는 집중력이 생깁니다. 이것은 집중력 자체이기도 하고, 자신에 대한 믿음과 자기애가 합쳐지면서 더욱 강력한 자아가 형성되어 스스로를 공부로 이끄는 힘이 됩니다.

분발심   분발심이란 나도 열심히 해서 최고가 되어야겠다는 생각입니다. 이런 분발심이 강한 학생들은 자존심과 승부욕이 강하여 남에게 지는 것을 싫어합니다. '1등만 기억하는 더러운 세상!'이라는 유행어도 있지만, 반드시 1등을 강요하는 것은 아닙니다. 내가 최선을 다해서 무언가를 하였을 때 얻게 되는 열매가 있습니다. 공부를 열심히 해서 1등을 하면 좋겠지만, 모두가 1등을 할 수는 없습니다. 다만 아이가 공부라는 과제에 최선의 노력을 다하게 되면 설사 1등을 하지 못하더라도 다음에는 1등을 해야지 하는 단기 목표가 생깁니다. 또 자신이 왜 1등을 하지 못했는지에 대해 계속 분석하여 자기 자신을 스스로 채찍질하는 원동력이 됩니다. 그리고 이런 노력이 누적되면 학생이 성장하여 사회생활을 할 때도 항상 모든 일에 최선을 다하는 사람이 되는 밑거름이 됩니다.

분발심이란 결국 나 자신을 계속 업그레이드하는 엔진과 비슷한 것입니다. 그 과정에서 좌절하기도 하고 실패하기도 하지만, 자신이 노력해서 무엇인가를 얻었다는 경험은 자신감을 느끼게 하고 앞으로 어려운 일이 있어도 스스로의 힘으로 헤쳐나갈 수 있을 것이라는 믿음을 갖게 합니다.

어떤 대형 출판사에서 직원을 채용하는 공고를 본 적이 있는데, 굉장히 독특해서 인상 깊었던 적이 있습니다. 보통 회사에서 원하는 기준은 명문 대학이냐, 학점이 몇 점이냐, 토익 점수가 몇 점이냐 등인데, 그 출판사에서 원하는 인재상은 '어떤 분야에서든 살면서 1등을 해 본 경험이 있는 사람'이었습니다. 왜 그럴까요? 어떤 분야에서든 1등을 해 본 사람은 기본적으로 최고가 되고 싶어 하는 욕구가 강합니다. 또한, 1등을 하기까지 나름의 노하우가 있기 때문에 전혀 다른 분야의 일을 할 때도 다른 사람들보다 잘할 가능성이 큽니다. 자기 자신에 대한 기대치가 높으므로 끊임없이 채찍질할 수밖에 없고 능동적으로 대처합니다. 반면 1등을 해 보지 않은 사람은 스스로에 대한 자신감이 부족합니다. 옆에서 남이 1등 하는 것만 보고 있기 때문에 부러워는 하지만, 자신이 그렇게 될 수 있다는 생각을 하지 못합니다.

이런 학생들이 매우 많습니다. 공부를 잘하려면 자기 자신에 대한 믿음과 자신감이 있어야 합니다. 이러한 믿음과 자신감은 경험이 누적될수록 더욱 강해집니다. 공부를 못하는데 어떻게 처음부터 분발심이 생길 수 있을까요. 이런 경우에는 아이에게 칭찬을 많이 해 주어야 합니다. 뜻밖에 많은 부모님이 칭찬에 인색합니다. 50점 맞은 학생이 55점 맞으면 그것대로 칭찬해 주어야 하는데 부모님 기준인 90점에 미치지 못했다는 이유로 오히려 무시하거나 아직도 멀었다는 메시지를 주는 경우가 많습니다. 자녀는 부모의 양육에 따라 자라나는 화초와도 같습니다. 부모님이 자녀에 대해 실망하고 무시하고 기대를 하지 않으면 자녀는 결코 성장할 수가 없습니다. 부모의 기준에서는 성에 차지 않더라도 분발심이 부족한 학생에게는 무조건 칭찬할 만한 요소가 있는 것은 계속 칭찬해 주어야 합니다. 자녀의 부족한 점을 찾지 말고 칭찬할 점을 찾다 보면 점점 자녀가 변화하기 시작하고 '나도 잘할 수 있겠다.'는 생각을 하게 됩니다.

인내심　　인내심이란 무조건 오래 참는 것이 아닙니다. 인내심은 괴롭고 힘든 것을 계속 지속적으로 참아내는 힘입니다. 공부에 적용해 보면 2~3개월 열심히 공부했는데 성적이 오르지 않아도 그것을 견디고 참아낼 힘입니다. 성적이 오르지 않는 학생들 대다수는 이 인내심이 부족합니다. 어릴 때 시험 전 벼락치기로 바짝 공부해도 성적이 상위권이었는데 고학년으로 올라갈수록 벼락치기가 통하지 않습니다. 그래서 2~3개월 열심히 공부했는데 성적이 오히려 떨어졌습니다. 이때 인내심이 부족한 학생들은 좌절하고 공부에 대한 흥미를 잃게 됩니다. '나는 할 수 없다, 공부는 안되는 것 같다.' 하고 포기해버리는 것입니다. 어떤 목표를 위해 노력하고 인내하고 참고 기다려 본 경험이 없기 때문입니다.

공부를 잘하는 학생들은 인내심이 강합니다. 인내심이 강한 이유는 자기 자신에 대한 믿음과 확신이 있기 때문입니다. 이번 시험에 생각만큼 성적이 나오지 않았어도 자신이 계속 노력한다면 다시 만회할 수 있을 것이라는 생각을 합니다. 인내심이 부족한 학생들은 한 번의 성적에 크게 낙심하고 좌절합니다. 자신에 대한 믿음이 부족하므로 자신의 노력 여부에 따라 결과가 나올 것이라는 생각보다는 눈에 보이는 현상에 좌지우지됩니다. 사실 인내심은 양육과 훈련의 결과입니다. 갓 태어난 아기는 어떤 인내심도 보이지 않습니다. 그러나 부모가 아이를 어떻게 키우느냐에 따라 아이의 인내심은 발달할 수 있습니다.

자녀가 장난감이 갖고 싶다고 떼를 썼을 때 즉각적으로 사 주는 부모도 있지만, 방 청소를 열심히 하는 등의 방법으로 용돈을 모아 사라고 가르치거나 자녀에게 어떤 노력을 요구하고 그 노력에 대한 보상으로 사 주는 부모도 있습니다. 아이가 어릴 때 적절한 좌절을 주는 것이 매우 중요합니다. 좌절을 통해서 아이는 인내심을 배우게 됩니다. 한번 안 된다고 해서 포기하는 것이 아니라 계속 자신이 노력하면 뭔가를 이룰 수 있음을 깨닫도록 어릴 때부터 훈련해야 합니다.

이런 아이들은 공부할 때도 내가 노력하면 언젠가는 원하는 성적을 받을 수 있을 것이라는 믿음이 있기 때문에 노력의 소중함을 알고 그 결과를 얻을 때까지 인내할 수 있는 것입니다. 하지만 인내심이 부족한 아이들은 즉각적으로 자신의 욕구가 충족되지 않으면 지나치게 좌절하기 때문에 매우 고통스러워하며 그 좌절을 다시 경험하지 않기 위해 일찍 포기하게 됩니다. 이런 경험들이 누적되면 자신에 대한 믿음이나 자신감이 생길 수가 없습니다.

인내심이 없는 학생의 경우 지금부터라도 인내심을 키워 주어야 합니다. 인내심이 없으면 아무리 좋은 대학에 간다 하더라도 직장 생활에서 오래 버티지 못하고 조금만 힘들어도 철새처럼 옮겨 다니기 쉽습니다. 인내심을 키우기 위해서는 기준을 마련해 놓고 노력에 따른 보상을 주어야 합니다. 단기 목표로 시작하더라도 점점 기간을 늘리는 것이 좋습니다.

예를 들어 방 청소 한 번 하고 바로 용돈을 주는 것보다는 한 달에 청소를 몇 번 하면 얼마의 용돈을 주는 식으로 자녀가 참고 반복할 수 있는 경험을 갖게 하는 것이 좋습니다. 간혹 부모 기분에 따라 일관성 없게 대하는 경우도 많은데, 인내심이 부족한 자녀 입장에서는 노력해도 보상받지 못하는 경우 노력할 필요성을 못 느끼고 부모 기분만 살피게 되므로 일관성 있는 기준이 필요합니다.

성적 향상을 위한
5가지 기본 능력

모든 학습에는 단계가 있습니다. 기초가 튼튼해야 다음 단계로 넘어가서 응용력과 창의력이 생기는데, 기초가 부실하면 어느 시점에서 한계에 다다르게 되고 더는 올라가기 어렵습니다.

초등학교 학습이 안 되어 있는 학생이 어떻게 중학생 수준을 따라갈 수 있으며 중학교 학습이 안 되어 있는 학생이 어떻게 고등학생 수준을 따라갈 수 있을까요?

문제는 중학생이라고 해서 무조건 중학생 진도만을 공부해서는 성적이 오르기 힘들다는 것입니다. 초등학교 기초라는 것은 단지 학습의 진도만을 의미하는 것이 아닙니다. 읽고 베끼고 쓰고 말하고 표현하기는 학습이 자기 것으로 이루어지기 위한 핵심 요소이고, 이는 초등학교 때 기초를 다져 놓아야 합니다. 중·고등학생 중에서도 이런 기초가 부실한 경우가 너무 많습니다.

하지만 이 능력이 부족한 상태에서는 교과 과목을 열심히 공부해도 성적이 오르는 데에 한계가 있습니다. 열심히 일군 밭에 씨를 뿌린 것과 일구어지지 않은 밭에 씨를 뿌린 것과 같은 이치입니다. 밭을 일구지 않은 상태에서는 씨를 뿌리고 물을 주고 비료를 주어도 한계가 있습니다. 따라서 무엇보다 이 5가지 과정을 거쳐야 학습 내용

우리 아이 성적이 올랐어요

5 Basic Abilities	5가지 기본 능력

- 읽기
- 베끼기
- 쓰기
- 말하기
- 표현하기

1	Reading	**읽기** : 정보취득 과정 읽는 과정을 통해 학습정보의 왜곡없는 취득을 훈련합니다.
2	Copying	**베끼기** : 내재화 과정 베끼는 과정을 통해 학습내용의 입력을 훈련합니다.
3	Writing	**쓰기** : 내재화 과정 쓰기 위해서는 생각이 정리되어야 합니다.
4	Speaking	**말하기** : 암기 과정 말하기 위해서는 외워야 합니다.
5	Expressing	**표현하기** : 이해 과정 표현하기 위해서는 이해되어야 합니다.

의 완전한 습득이 이루어진다고 할 수 있습니다. 이 능력을 갖추는 것은 학습 내용이 결실을 얻을 기본 학습의 밭이 만들어지는 것과 같습니다. 기본 학습의 밭이 갖춰지지 않은 상태에서는 과외, 학원 등의 어떠한 학습법도 실패하고 마는 것입니다.

5가지 기본 능력5 Basic Abilities은 기본 학습량이 입력될 수 있는 코드를 만드는 과정입니다. 대개는 코드 없이 학습하므로 결과가 남지 않고 밑 빠진 독에 물만 붓는 격이 됩니다. 학생은 공부했다는 행위 자체에서 합리화하고 심리적 위안을 받지만, 실제로는 공부가 이루어지지 않은 헛공부의 상태가 되는 것입니다.

5가지 기본 능력의 인지 구조가 만들어지지 않고는 어떠한 좋은 학습 내용도 담아지지 않습니다. 성적 향상을 위해서 국·영·수 기초를 강조하기 이전에 국·영·수의 기초를 담을 수 있는 학습의 기초적 인지 구조를 먼저 만드는 것이 필수입니다. 그리고 이를 토대로 계산, 추론, 판단, 비교, 분석, 평가, 창의 등 상위 기능의 자유로운 활용이 가능해지는 것입니다. 특히 게으른 학생, 미숙한 학생, 공부하지 않고 놀았던 학생들은 베끼기와 쓰기를 통해 학습의 기본적인 재료를 차곡차곡 쌓아나가야 합니다. 베끼기 작업을 반복하여 일단 구슬이 만들어지면 그다음에 쓰기를 통해 구슬을 꿸 수 있게 되는 것입니다.

결론적으로 5가지 기본 능력의 수준이 높아지지 않으면 모든 학습 노력의 결과는 제자리입니다. 권투 선수 타이슨이 때리는 연습보다도 줄넘기를 하루에 10만 번씩 한 이유는 다리 힘이 좋아야 힘이 증가하기 때문입니다.

우리 아이 성적이 올랐어요

5가지 기본 능력 또한 어떤 학습이라도 내 것으로 만들 수 있는 탄탄한 기초를 만드는 필수 과정이며, 이를 통해 학습력이 생겨나 공부가 이해되고 재미있어지는 것입니다.

성적 향상을 위한 7가지 황금 습관

지속적이고 효율적인 학습은 단순히 머리로만 하는 것이 아니라 습관의 형성이 핵심입니다. 습관이 형성되어야 학습을 장기간 시행할 수 있으며, 습관 중에서도 일반 습관이 아니라 가장 효과적인 7가지 황금 습관7 Golden Habits을 갖추어야 같은 시간을 공부해도 효율적인 학습을 할 수 있습니다.

7 Golden Habits

- 믿음을 가지고 시작하기
- 기본습관들이기
- 목표를 정한 뒤 행동하기
- 중요한 것 우선순위로 하기
- 시간 안에 해내기
- 실패 원인 되짚어보기
- 계속 더 나은 방법 찾기

7가지 황금 습관은 수많은 성적 우수자들의 성적 향상과 유지 비결을 연구하여 개발해 낸 실행력, 효율성 향상의 습관입니다. 7가지 황금 습관이 몸에 붙어야 실제적인 자신감이 생기면서 공부를 하는 과정이 힘들지 않습니다. 습관이 몸에 붙으면 붙을수록 공부가 어렵고 힘든 것이 아니라 하루하루의 충실한 실천을 통해 해낼 만한 것으로 여겨지게 되며 지속적인 반복을 통해 학습 내용이 점점 심화될 수 있습니다.

특히 머리는 좋은데 끈기가 없어서 공부 습관이 붙지 않았거나 책상 앞에 오래 앉아 있는데 공부 효율성이 떨어지는 학생의 경우에는 7가지 황금 습관을 통해 놀라운 향상을 이루어낼 수 있습니다.

믿음을 가지고 시작하기   공부를 잘했던 학생이 성적이 떨어졌다가 다시 성적을 올리는 것도 어려운데 처음부터 공부를 못했던 학생이 성적을 올리기란 쉽지 않습니다. 왜냐하면, 공부를 잘한다는 것이 어떤 것인지 모르고 또 자신이 공부를 잘할 것이란 생각을 하지 못하기 때문입니다. 공부 못하는 학생들은 대부분 공부 잘하고 싶은 마음이 없다고 이야기합니다. '공부해서 뭐해요?'하는 반응이 대부분입니다. 그런데 성적이 조금이라도 오르기 시작하면 조금씩 솔직한 마음을 털어놓습니다. 특히 '나도 공부 잘하고 싶어요.'라고 하면서 공부에 있어 적극적인 모습이 나타나기 시작합니다.

그러고 나서 학생에게 원하는 등수를 적으라고 하면 처음에는 등수를 말하는 것조차 창피해 하던 학생이 점점 자신감이 생길수록 원하는 등수를 말하고 또 그 등수가 점점 올라갑니다.

믿음이라는 것은 참으로 신기한 것입니다. 옆에서 아무리 공부 잘 가르치는 선생님을 붙여 주어도 학생 스스로 '나는 공부를 못한다.'는 생각을 하고 있으면 성적은 절대로 올라가지 않습니다. 그렇다고 매번 '나는 할 수 있습니다, 나는 1등 할 것'이라고 벽에 써 붙이고 매일 소리 내어 읽어도 자기 자신은 속이지 못합니다. 믿는 것 같지만 무의식중에 '나는 할 수 없다.'는 메시지가 있는 한 소용이 없습니다.

사람은 누구나 자신의 강점보다는 약점을 더 기억하고 자신의 한계를 스스로 그으려 하는 경향이 있습니다. 자신감이 없을수록 자신의 한계는 실제보다 더욱 아래로 잡게 됩니다. 공부 못하는 학생들이 이렇습니다. 노력도 해 보지 않고 과거의 성적 때문에 내가 어떻게 감히 1등을 하겠느냐는 생각이 은연중에 깔려 있습니다. 그럼 이런 패배주의가 가득한 생각을 어떻게 자신감 있는 생각으로 돌려 놓을 수 있을까요? 우선 나에 대해 깊이 생각해 보는 것을 연습해 봅니다.

① 나의 장점과 약점은 무엇인가?
② 내가 성적이 오르지 않는 이유는 무엇인가?
③ 내가 성적이 오르기 위해서는 어떻게 해야 하는가?
④ 내가 원하는 성적은 몇 점인가?
⑤ 목표를 이루기 위해 어떤 노력을 해야 하는가?

기본적으로 이 내용에 대해 매일 깊게 생각하는 연습을 한다면 점점 자기 자신에 대해 스스로 분석하고 알게 됩니다. 동시에 자신이 가지고 있는 두려움을 알게 되고 왜 성적이 오르지 않는지 이유를 알게 될수록 스스로에 관한 믿음이 생기게 됩니다. 그리고 스스로에 관한 믿음은 인생을 변화시킵니다.

기본 습관들이기

세상에 공짜는 없습니다. 내가 어떤 열매를 얻기를 원하면 그에 해당하는 노력을 투입해야 합니다. 어떤 학생은 아무리 노력해도 성적이 오르지 않았다고 하는데, 사실 제대로 된 노력을 하지 않은 것입니다. 강에 배를 띄우고 목적지를 향하여 노를 저어야 하는데, 목적지로 향하도록 노를 저은 것이 아니라 자기 식대로 노를 젓기 때문에 팔은 팔대로 아프고 배가 움직이지 않거나 혹은 엉뚱한 방향으로 움직인 것입니다.

　또한, 평상시 기초 체력을 다지고 훈련을 열심히 받은 사람은 노를 한 번 저어도 배가 쉽게 잘 나가지만, 평상시 훈련을 게을리했던 사람은 여러 번 노를 저어야 겨우 따라갈 수 있습니다. 공부도 마찬가지입니다. 공부에 필요한 기본 습관이 몸에 배도록 평상시에도 노력해야 멘탈의 체력이 다져지고 공부할 때 제대로 흡수가 될 수 있습니다. 그렇다면 공부에 필요한 기본 습관은 무엇일까요? 여기에서 말하는 기본 습관은 공부 스킬이 아니라 믿음을 계속 고양하기 위한 습관입니다.

(1) 공부는 훈련 과정 : 공부하기 싫어하는 학생들이 가장 많이 생각하는 것은 공부가 전부가 아니라는 생각입니다. 요즘은 연예인이나 스포츠 선수 등 공부가 아니더라도 자기 전문 분야에서 성공을 거두는 경우가 많아 공부하라는 말이 이런 학생들에게 크게 매력적으로 다가오지 않습니다. 하지만 연예인이나 스포츠 선수들이 얼마나 혹독하게 훈련을 했는지 알지 못합니다. 성장 과정은 알지 못하고 결과만 보고 부러워하고, 공부 안 해도 저렇게 성공할 수 있을 것으로 착각합니다. 요즘 아이돌 그룹이 기획사에 들어가 몇 년간 혹독하게 훈련을 받는 과정을 한번 생각해보십시오. 공부를 그렇게 했으면 아마 전교에서 상위권에 들 것입니다. 인생에서 어느 시기에나 몰입해서 집중해야 하는 시기가 있습니다.

10대 때 하지 않으면 20대 때 해야 하고 그 시기에 못하면 이후에 반드시 해야 합니다. 많은 학생이 의사가 되고 싶어 하지만 의사가 되려면 10~20대 혹은 30대 초반까지 거의 20년을 공부에 집중하고 보내야 합니다. 세상에는 공짜가 없습니다. 대신 훈련을 혹독하게 하면 할수록 그 열매는 달콤합니다.

(2) 하기 싫을 때 하는 공부가 실력을 높이는 공부 : 실력은 계단식으로 올라가기 마련입니다. 상승하는 시기에는 노력하는 만큼 결과가 눈에 보이기 때문에 하는 재미도 느끼고 열심히 하게 됩니다. 하지만 정체 시기가 분명 오게 됩니다. 그 시기가 되면 열심히 하나 안 하나 별로 티가 나지 않아 자신도 모르게 느슨해지기 마련입니다. 하

지만 그 시기가 지나고 나면 결과가 차이가 나게 됩니다. 그 시기에 꾸준히 노력했던 학생은 다시 한 번 도약하는 시기가 찾아오지만, 그 시기에 그냥 손을 놓게 되면 정체가 길어지거나 혹은 성적이 떨어지게 됩니다.

(3) 중간에 반드시 오는 슬럼프 : 공부든 일이든 어느 정도 실력에 도달하면 슬럼프에 빠지게 됩니다. 주로 앞에서 말한 정체 시기에 슬럼프에 빠지게 되는 경우가 많습니다. 처음에 그렇게 열심히 공부하고 목표를 세우고 매진했는데 어느 순간이 되면 이렇게 살아야 하는 현실이 싫고 쉬고 싶기만 하는 순간이 옵니다. 그런데 이것은 누구나 경험하는 과정입니다. 학생 신분 때뿐만 아니라 직장인이 되어도 마찬가지고 전업주부라 해도 마찬가지입니다.

부모님을 보면 슬럼프가 있을까 싶기도 하지만 부모님은 아이를 위해서라도 슬럼프를 어떻게 하든 극복하려고 노력하기 때문에 아이 눈에는 보이지 않을 것입니다.

중요한 것은 힘든 순간이 오면 너무 벗어나려고 하거나 자신의 감정을 지나치게 억압하지 않는 것입니다. 높이뛰기 선수를 예로 들어 보죠. 달려오다가 높이 뛰려면 무릎을 굽혔다가 도약해야 합니다. 달려오다가 그 상태에서 뛰는 선수는 아무도 없습니다. 슬럼프는 무릎을 굽힌 순간이라고 생각해 봅시다. 중요한 것은 무릎을 굽혔다가 바로 펴야 그 힘으로 도약할 수 있는데 무릎을 굽힌 채 오래 있으면 그대로 주저앉게 됩니다. 슬럼프가 오면 그 감정을 일단 인정하되 너무

우리 아이 성적이 올랐어요

감정에 빠져들어서 주저앉지 않도록 조심해야 합니다. 감정을 인정한다는 것은 스스로 자기감정을 감싸 안는 것입니다. 스스로에게 편지를 쓰는 것도 좋은 방법입니다. 그리고 다시 하루 일상을 시작하는 것입니다.

⑷ 나 자신을 믿고 목표를 달성하기까지 포기하지 않기 : 윈스턴 처칠이 옥스퍼드 대학에서 졸업식 축사를 할 때 했던 유명한 말이 있습니다.

'Never give up.'

옥스퍼드 대학을 졸업하는 학생들은 어떤 학생들입니까? 그야말로 세계적인 엘리트들 아닙니까? 그들이 대학을 졸업하면서 자신의 장밋빛 미래를 꿈꾸는 날 처칠은 왜 그런 말을 했을까요? 부모님들은 자녀들에게 항상 이야기합니다. 학생일 때가 좋은 거라고. 하지만 자녀들은 절대 그 사실을 알지 못합니다. 학생의 신분에서 벗어나 돈을 벌어야 하는 성인이 되면 '세상에는 공부하는 어려움보다 월등히 많은 어렵고 힘든 일을 겪어야 한다.'는 사실을 알게 됩니다. 너무 힘들어서 놓아버리고 싶고 포기하고 싶은 순간이 한두 번 오는 것이 아닙니다.

그런데 어린 시절부터 포기하지 않고 항상 적극적으로 문제를 해결해 온 사람일수록 성인이 되어서도 그 난관을 잘 헤쳐나갑니다. 반면 적당히 노력하다 포기하던 습관이 배여 있으면 성인이 되어서도 적당히 노력하다가 조금만 힘들어지면 포기하고 다른 것을 찾기 쉽습니다. 학생일 때 포기하는 습관을 벗어버립시다. 어떻게 하든 될 때까지 노력하겠다고 마음을 먹는 것입니다. 그러면 어느 순간 어둠 속에서 빛이 보이듯이 길이 보이게 됩니다. 이런 습관이 몸에 배 있으면 점점 어려움을 극복해내며 성장할 수 있습니다.

⑸ 매일 일기와 학습 일기 쓰기 : 초등학교 때는 학교에서 일기 쓰는 숙제를 내주므로 매일 쓰던 학생들도 중고등학생이 되면 글을 좋아하는 극소수를 제외하고는 일기를 안 쓰게 됩니다. 사실 매일 일기를 쓴다는 것은 쉽지 않습니다. 학교, 학원, 공부하는 것에 지친 학생들이 잠을 자고 말지 30분 정도 시간을 들여 일기 쓴다는 것은 보통 노력이 필요한 것이 아닙니다.

하지만 매일 일기를 쓰면 사고력이 많이 향상됩니다. 그냥 머릿속으로 생각만 하는 것과 글로 자기 생각을 기록하는 것은 차원이 다릅니다. 논술 학원도 많이 다니지만 6개월만 매일 일기를 쓰게 되면 자신도 모르게 사고력, 통찰력이 많이 향상됩니다.

특히 학습 일기를 쓰게 되면 학습에 관한 구체적 내용, 과정, 결과들이 자세하게 관찰되고 평가되므로 자신에 대한 객관적인 파악이 가능하며, 점차로 학습에 대한 생각이나 통찰이 커지게 됩니다. 마치 가계부를 쓰면 전체적인 가정의 경제 지출 내용이 파악되듯이 학습 상황에 대한 전체적인 파악이 가능하고 그에 따라 스스로 계획을 세울 수 있게 됩니다.

우리 아이 성적이 올랐어요

목표를 정한 뒤 행동하기

목표는 활력을 줍니다. 그냥 주어진 스케줄에 따라 공부만 하게 되면 수동적이 되고 공부가 재미가 없습니다. 이미 주어진 진도지만 나름대로 목표를 세우고 1일 목표, 1주일 목표, 1달 목표, 1년 목표 이런 식으로 단계적으로 목표를 세웁니다. 그리고 매일, 1주일 단위, 1개월 단위, 1년 단위로 목표에 대해 스스로 평가해 봅니다. 부모들은 아이가 목표를 달성했으면 칭찬하고 보상해 주는 것이 좋습니다. 무엇보다 중요한 것은 행동하는 것입니다. 목표 세우기는 쉽습니다. 방학만 되면 하는 것이 시간 계획표를 만드는 것이 아닌가요? 다만 어떻게 실천하는가에 따라 결과가 달라집니다. 처음에는 부모가 자녀 스스로 목표를 세우게 하고 실천할 수 있도록 도와주는 것이 좋습니다.

많은 부모가 성적이 오를 때만 선물을 사 주는 경우가 많은데 이보다도 자녀가 매일 실천하고 꾸준히 노력하는 모습을 보일 때 칭찬을 많이 해 주고 선물을 준다면 자녀는 성적보다도 자신의 꾸준한 노력과 인내심을 더욱 가치 있게 여기는 습관을 갖게 됩니다.

중요한 것 우선순위로 하기

한정된 시간 안에서 중요한 것을 우선으로 하게 되면 시간을 굉장히 잘 활용할 수 있습니다. 자녀가 처음부터 중요하고 중요하지 않은 것을 구분하기가 어려울 수 있으니 처음에는 부모가 옆에서 도와주는 것이 좋습니다. 목표와 해야 할 일을 계획하면 부모가 중요하고 덜 중요한 것 순서대로 나열할 수 있도록 체크해 주는 것입니다. 학생들을 보면 자신이 좋아하는 과목이나 쉬운 공부만 집중해서 공부하려 하고, 못하거나 어려운 공부는 하지 않으려 합니다. 따라서 못하는 과목은 계속 성적이 오르기 어려운 것입니다. 따라서 이 작업은 내가 좋아하고 싫어하는 기준에 따라 하는 것이 아니라 중요한 공부를 우선하여 하는 습관을 갖게 하는 것입니다.

시간 안에 해내기   시간이란 한정된 자원입니다. 누구에게나 똑같은 시간이 주어지지만 어떤 학생들은 똑같은 시간에서 엄청난 공부를 하지만 어떤 학생들은 목표의 절반도 채우지 못하는 모습을 볼 수 있습니다. 이런 학생들은 시험 시간에도 집중하지 못하거나 시간 분배를 못 해 시간이 부족한 현상이 항상 나타납니다.

따라서 이런 학생들은 공부뿐만 아니라 일상에서도 시간 안에 처리하는 습관을 가르쳐주어야 합니다. 방 청소를 하면 30분 안에 끝나게 한다거나 문제를 풀 때 제한된 시간을 알려준다거나 하는 식으로 시간에 대한 개념을 익히게 합니다. 문제를 천천히 푼다고 잘 푸는 것도 아니고 문제를 빨리 푼다고 하여 못 푸는 것도 아닙니다.

실패 원인 되짚어 보기   공부를 잘하는 학생은 시험이 끝난 후 오답 노트를 만들어 자신이 틀린 이유를 끝까지 풀어서 완전히 이해하고 넘어갑니다. 이런 노력이 자신의 실력으로 누적되는 것입니다. 반대로 공부를 못하는 학생들은 자신이 틀린 문제를 대충 이해하고 넘어가서 다음에 비슷한 유형이 나오면 또 틀립니다. 선생님이 아무리 오답 노트의 중요성을 강조해도 공부를 못하는 학생일수록 틀린 문제를 보는 것을 싫어합니다.

왜냐하면, 사람은 누구나 자신의 취약점을 보는 것을 싫어하기 때문입니다. 실패 원인을 분석하는 것도 이와 비슷합니다. 어느 정도 시간이 흐르면 목표를 얼마나 달성했는지 결과가 보입니다. 혹은 그 과정에서 아이가 포기한다거나 성적이 생각만큼 오르지 않는 경우가 있습니다. 공부를 못하는 학생일수록 성적이 오르지 않게 되면 그 이유를 분석하려 하기보다는 '역시 난 안 되는구나!' 하는 패배 의식이 먼저 들기 때문에 포기하려 하는 경향이 큽니다. 따라서 이럴 때 부모가 함께 자녀와 대화를 하면서 실패 원인에 대해 함께 생각해 보는 것이 좋습니다. 한두 번 하게 되면 학생 스스로 자신의 취약점을 보는 것에 익숙해지고 점차 자기 스스로 분석하는 능력을 갖추게 됩니다.

계속 더 나은 방법 찾기　이런 작업을 여러 번 반복하게 되면 학생은 점점 자신감을 느끼게 됩니다. 자기 취약점에 대해 스스로 알게 되기 때문에 자신에게 맞는 공부법을 찾는 데 관심을 두게 됩니다. 자신이 찾은 공부법에서 효과가 발생하면 이제 가속도가 붙게 됩니다. 점점 자신을 분석하는 능력이 향상되고 동시에 발전하고 싶은 욕구도 생깁니다. 이런 과정을 통해 자신의 틀린 생각이나 공부법을 고치려 하므로 학생의 사고력은 유연해지고 주체성이 길러지게 됩니다. 자기가 자기를 조절하고 방향을 세울 수 있게 되기 때문입니다.

이 단계가 되면 이제 스스로 알아서 할 수 있는 단계가 되는 것입니다.

공부 혼의 발생 원리

공부 혼Learning Spirit이 있다는 것은 자기 스스로 창조하고 욕망하고 발전하려 하는 정신 구조가 완성된 뒤 나타나는 끊임 없는 욕망, 흡수, 배움, 자기화, 발전 등 연속적인 도약 과정의 지속을 의미합니다.

누가 가르쳐 주어 그 앎에 도달하는 것이 아니고, 자기 스스로 책이든, 선생님의 수업이든, 혹은 환경을 통해서든 모든 일련의 과정을 자양분 삼아, 앎이 앎으로 깨달음이 깨달음으로 연결되면서 자기를 확장해 나가는 희열의 과정이라고 할 수 있습니다. 이 달콤하고 황홀하기까지 한 열매를 얻기까지의 과정을 공부 혼의 발생 원리를 통해 설명하려고 합니다.

즉, 보통 수준의 학업 능력을 갖춘 학생도 최우수 학생의 멘탈이 될 수 있는 가장 빠르고 확실한 길을 알려드리려고 합니다.

3 멘탈구조 개선을 통한 공부혼의 발생원리

일단 공부가 되지 않는 공부 방해 요소들이 있습니다. 단순히 눈에 보이는 것들로부터 시작해서 공부를 못하겠는 이유는 다양합니다. 그 이유들에 묻혀 있는 학생들을 구출하는 방법이 바로 FMN(근본 멘탈 구조)를 개선하는 것입니다. 자기도 인식하지 못하는 무의식 안에 쌓여 있는 자신의 의지와는 반대되는 자신을 괴롭히는 생각들, 드러내고 싶지 않은 아픈 생각들, 지워버린 줄 알고 있었던 울화, 분노 드러낼 수 없는 나쁜 생각들 등이 그 주요 요소들입니다. 그것들이 그냥 아무 반응도 하지 않고 고요히 마음속에서 잠자고 있는 것들이 아닙니다. 나의 의식과는 별개로 나의 생활과 나의 선택과 나의 멘탈에 끊임없이 작용하고 있습니다. 그것이 무의식적으로 말로 행동으로 습관으로 성격으로 그리고 가치관으로 인생관으로 세계관으로, 끊임없이 지하에서 지상으로 그 존재를 드러내고 있습니다.

이러한 상황에서 FMN에 불안이나 분노나 공격성이 정도 이상으로 있는 학생들은 더욱 어려움에 부닥칩니다. 마음 내부의 원초적 감정들이 양과 가짓수가 많아서 자기 스스로의 정화 능력이나 통제 능력을 벗어나게 되어, 모든 상황에서 참지 못하고 힘들어하고 불안정해지고 이성적인 능력이 저하됩니다. 공부는 많은 부분 사람이 정서적으로 안정되고 이성적인 상태일 때 입력됩니다. 그런데 FMN에 문제가 있는 학생은 이런 안정되고 명료한 이성적인 상태인 시간이 상대적으로 적기 때문에 공부를 하고 싶어도 할 수가 없는 상태입니다. 최소한의 이성적인 상태, 스스로 생각하고 정리할 수 있는 정도의 상태가 유지되어야 비로소 공부가 시작되는데, FMN에 문제가 있는 학생들은 맑고 안정된 정신 자체의 시간이 드뭅니다.

더 정확하게 말하자면 수많은 잡념의 상태이거나 해결 안 된 많은 감정 에너지로 인해 불안정하거나 내적 갈등으로 정신 에너지가 소모되어 아무런 생각의 에너지도 없이 멍한 상태입니다. 생각이 없다 하여 정신이 맑거나 순수한 것이 전혀 아닙니다. 생각이 없는 것은 뇌를 쓰지 않는 상태이므로 즉, 컴퓨터를 꺼 놓은 상태로 비유할 수 있으니 아예 발전을 위한 머리를 쓰지 않고, 뇌가 아닌 신체의 다른 기관으로 생활하고 있는 것과 같습니다. 방 안에 불은 켜지 않은 채 주어진 대로 습관적으로 생활만 하는 경우이니 더욱 심각한 경우라고 할 수 있습니다. 상황이 그러하니 별것 아닌 공부라 하여도 그 공부와 학습의 무게를 견딜 수가 없습니다.

그리하여 FMN을 개선하여 공부의 7가지 방해 요소인 집중력 장애, 학습 동기 결핍, 지시 불순종, 비효율적인 학습, 환경이나 성격의 문제들을 다각적으로 제거해 나가면, 드디어 순순히 학습 내용을 받아들이게 되고, 그 받아들인 학습 내용을 지속적으로 오랜 시간 반복 학습할 수 있는 안정성과 인내심이 생깁니다. 어느 정도 세월을 지나온 어른들은 누구나 알고 있습니다. 똑똑한 사람이 성공하는 것이 아니라 우직하리만큼 노력하고 견디고 포기하지 않는 사람, 끊임없이 도전하고 어려움을 이겨내는 사람이 결국 성공한다는 사실을 말입니다. 바로 인내심은 모든 인생 성공의 바탕이고 지혜로움의 여러 모습 중 하나이기 때문입니다. 성적 향상도 예외가 될 수 없습니다.

이렇게 바탕이 마련된 다음에 그 무의식의 영향을 받는 의식의 영역은 BMN(기본 멘탈 구조)입니다. BMN 자체의 형성도 중요하지만, FMN과 BMN의 관계의 긴밀성을 잘 이해해야 합니다. BMN은 성격과 생각의 흐름, 사고방식 즉, 그 사람을 그 사람답게 하는 고유한 자기 중심성이며, 외부 세계를 받아들이는 자기만의 수용 방식, 그 사람만의 센서, 혹은 반응 구조라고 할 수 있습니다.

BMN의 형성은 유년기, 아동기, 청소년기에 걸쳐 이루어지므로, 인간이 발전할 수 있는 범위가 넓고, 어느 정도의 시간이 있어야 하는 교육 과정이기 때문에 형성과 심화의 두 과정으로 구분해 볼 수 있습니다. 우선 교육으로 만들어지는 부분을 예로 들었을 때, 학생이 각 과목의 진도가 나갔다고 하여 반드시 BMN이 제대로 형성되었다고 보기는 어렵습니다. 이 부분은 시험 성적으로 증명되기도 하지만, 단순 성적뿐만 아니라 부모님의 세세한 관찰을 요구하는 부분이기도 합니다. 즉, 자녀가 단순 공부를 하고만 있는 것은 아닌지, 이해하고 사고하며 진도를 넘어가고 있는지 정도는 반드시 짚어 보아야 합니다.

다음으로 보기, 듣기, 읽기, 쓰기, 말하기의 5가지 기본 능력5 basic abilities을 바탕으로 추론하기, 감각하기, 분석하기, 표현하기, 창조하기의 10가지의 정신 기능이 잘 발휘될 수 있도록 하는 것입니다. 이는 사람이 현실에 가장 잘 적응하고 소통하며, 타인과 교류하고, 자기 생각을 발전시켜 다시 표현, 창조할 수 있는 능력을 만들어내는 과정입니다. 이 과정에서 개인마다 학생마다 문제 해결의 양상은 다르게 나타나게 되는데, 그것을 성격 유형이라고 볼 수 있습니다. 또한, 반복과 훈련 과정을 통해 가장 효율적이며 지속적인 습관을 만들어 갑니다.

이 과정에서 학생의 학습에 대한 태도, 즉 순응성과 수용성이 문제가 되는데 내면의 학습에 대한 거부형, 회피형, 맹목적 순종형의 스타일에 따라 학습의 효율성이 또한 결정됩니다. BMN 형성과 심화의 과정을 통해서 새로운 지식도 얻고, 또한 자신의 오류도 발견해 가는 과정을 두려워하지 말아야 합니다. 이 과정에서 새로운 모습으로 발전하고 사고의 발전을 통해 집중력이 발전합니다. 심화 발전하는 과정에서 추론하기, 감각하기, 분석하기, 표현하기, 창조하기를 통하여 자신의 관점을 발전시켜 나가고, 자신의 인지 능력을 심화시켜 나갑니다. 이렇게 심화시켜 나가는 과정에서 이해의 폭과 깊이가 발전합니다. 단순히 시험을 잘 보는 학생이 아닌, 자신 앞에 놓인 문제를 잘 해결해 나가는 인재가 되어 갑니다. 이 과정은 그야말로 공부하는 즐거움을 알아가는 단계라고 할 수 있습니다. 또한, 이 과정은 학교수업을 통해서든 자습을 하는 과정에서든, 시험공부 기간이 되었든 간에 항상 염두에 두고 7가지 황금 습관을 마음에 새기면서 반복, 응용 학습해 나가면 성적 향상은 저절로 따라오는 결과가 됩니다. 이는 가장 효율적으로 시간을 사용하는 방법이기 때문입니다.

이렇게 효율적으로 자기 자신을 관리하게 되면서도 인간이라면 누구나 한편으로 게을러지고도 싶고, 자신이 원했던 만큼 결과가 나오지 않아 좌절하기도 하고, 한때 열심히 했다가도 그 열정이 사그라지기도 합니다. 그래서 이 BMN을 유지 발전시키기 위해서는 SMN(목표 멘탈 구조)의 강화가 공부 혼의 점화를 위한 마지막 단계가 됩니다. 이는 수많은 우수 학생들이 최우수의 단계로 넘어가지 못하고 걸려 있는 고비의 지점입니다. 학생 누구도 적당히 잘하기를 바라는 사람은 없을 것입니다. 단지 1등만이 대접을 받기 때문이라는 좁은 관점의 이야기가 아닙니다. 모든 학생이 자신의 자신만의 탁월성을 폭발시켜야 한다는 말입니다. 효율적으로 공부하고 학습하고 지적인 수준을 넘어 자기 자신의 능력을 갱신하고 잠재력을 모두 발산하는 상태가 되게 하기 위함입니다.

정신 작용은 참으로 복잡하고 다양한 활동을 동시 다발적으로 하고 있기 때문에 갈래가 잘 정리가 되고, 공부의 초점을 잘 맞출 수 있어야 하는데, 이 SMN이 강력한 학생은 스스로 그 초점에서 잘 벗어나지 않는다는 것이 특징입니다. SMN의 강화를 위해서 목표, 인생 의미와 가치를 알아가고, 자신의 미래 성공을 희구하며, 미래에 대한 도전을 지속시키도록 합니다. 즉 SMN에서 벗어나지 않도록 하는 일입니다. 이는 앞의 과정인 FMN 개선과 BMN 형성과 심화를 통해 이어져 왔지만, 주변 환경이 혼란스럽고, 도저히 공부에 집중할 수 없는 어려운 여건이라 하여도 이 SMN이 강력한 사람에게는 그 방해물들을 다 뚫어낼 수 있는 강력한 동기와 힘이 내재하고 있기 때문에 흔들림이 적습니다. 즉 외부 상황, 심지어 공부의 악조건마저 자신의 학습을 위한 자양분으로 변화시켜버리는 그야말로 멘탈의 승리를 의미하기 때문입니다. 자신이 왜 공부를 하는지 정확하게 알기 때문입니다.

즉 목적과 미래를 위해 한 발 한 발 내딛는 발걸음에 정상에 서고 싶은 욕망이 가득하므로 어려움이 그렇게 쓰게만 느껴지지 않습니다. 자신의 미래를 위한 과정이니 남 탓 같은 것도 없습니다. 따라서 SMN이 있는 학생과 SMN이 없는 학생은 문제 해결의 시각이 완전히 다릅니다. 요행을 바라는 것도 없고, 자신이 노력한 만큼의 대가에 대해서 만족하면서도 안주하지도 않습니다. 만족한 만큼 또 다른 만족을 원하기 때문입니다. 자기 생각과 변화에 민감하고 항상 깨어 있을 수밖에 없습니다. 또한, 경쟁 구도 안에 있으면서도 경쟁을 즐기기도 하지만, 한편으로는 경쟁에서 낙오되지도 않습니다. 이유는 경쟁이라는 상황도 자신의 발전을 위해 이용할 뿐이기 때문입니다. 우리가 키우고 싶은 자녀의 모습이 SMN이 강력한 인재가 아닐까 싶습니다. SMN의 기본은 자기 자신에 대한 사랑에서 출발합니다. 열정이 넘치고, 더불어 인생 전체를 조망하면서 자기 삶의 의미와 가치를 풍부하게 만들고 싶어 합니다. 이런 학생이 공부를 안 할 수 있겠습니까? 즉, 분발심이 계속 자기 자신을 발전시키는 방향으로 가게 합니다.

이렇게 3M(멘탈) 학습법을 통해 FMN 개선, BMN 형성과 심화, SMN의 강화 과정을 차례대로 거치고 나면 자녀는 새로운 사람으로 바뀌어 있게 됩니다. 3M의 각 과정의 변화들을 통해 결핍되었던 부분들을 채워 나가면서 FMN을 통해 정신의 골격을 마련하고, BMN을 통해 정신의 힘을 근육 단련하듯이 키워 가고, SMN을 통해 정신의 정신, 목표 방향을 향해 자유롭게 독립적으로 자신의 길을 걸어갑니다. 이렇게 자신의 길을 용기 있게 도전하면서 나아가는 모습이 바로 공부 혼에 불이 붙은 상태입니다. 이러한 학생들은 자신의 목표, 미래의 자신 그리고 정상을 향해 도전과 극복, 지속적인 노력, 과정에서의 의미와 보람을 느끼며 학습뿐만 아니라 인생의 여러 부분에서 성취와 성공을 이루게 되며 가정, 사회, 조직의 유능한 인재가 되어 이 세상에 큰 도움이 되는 창의적인 사람으로 성장해 나갈 수 있게 됩니다.

성적 부진 4가지 유형별 대처법

병을 고치기 위해 의사가 진단을 내리는 것처럼 학생의 성적을 향상하기 위해서는 학생의 문제가 어디에 있는지 분석해야 합니다. 다시 한 번 강조하지만, 성적을 올리기 위해서는 성적이 오르지 않는 이유를 분석해서 제거하는 것이 효과적입니다. FMN(근본 멘탈 구조), BMN(기초 멘탈 구조), SMN(목표 멘탈 구조) 중 어디에 문제가 있는지 분석하게 되면 해결책을 찾을 수 있습니다.

공부를 안 하는 학생　공부를 안 한다는 것은 FMN에 문제를 가지고 있다는 것을 의미합니다. 학습에 필수인 합리성, 객관성, 분석력, 판단력, 분발심, 인내력, 집중력을 방해하는 억압된 감정, 생각, 정신 때문인데, 이것이 정서 불안정, 무기력 우울, 강한 충동이나 분노 등으로 인해 지나친 자기주장, 자기 고집, 자기 중심성 등으로

FMN에 장애를 일으킵니다. 그리고 부모와의 악화된 관계, 학업 스트레스 등이 연속해서 FMN의 자연스럽고 효율적인 흐름과 순환을 가로막고 장애를 일으켜서 마치 시동이 잘 꺼지는 자동차, 화면이 안 나오는 TV처럼 되는 것입니다.

공부를 안 하는 학생의 성적 향상과 인성 향상은 FMN의 개선이 필수입니다. FMN의 장애가 개선되면 부모, 교사에 대한 최소한의 순응, 순종이 증가하며 자기 중심성에서 빠져나와 자기 정신 연령에 적합한 객관적이고 합리적인 세계로 이동하게 됩니다. 해결법은 당장 학습량이 없다고 걱정하고 나무라기 이전에 FMN의 무조건적 적극적 개선입니다.

원인	FMN(근본멘탈구조)의 큰 장애
해결법	당장 학습량이 없다고 걱정하고 나무라기 이전에 FMN(근본멘탈구조)의 무조건적인 적극적 개선이 필수

공부를 하긴 하지만 저조한 학생 공부하긴 하지만 성적이 저조한 학생의 경우에는 FMN의 심한 문제나 장애는 없지만, 작은 문제들이 존재합니다. 게으름, 나태함, 중간 정도의 애매한 집중력, 동기의 부족, 목표의식의 부재, 급한 마음이 없고 자기 주도 학습이 거의 이루어지지 않고 있으며 과외나 학원에 의해 근근이 중간 정도의 학업수행을 하는 학생들입니다.

우수한 효율성의 기준으로 30~50%가 부족하며 별 대책 없이 남들 따라 불안해서 학원을 그저 다니고 있는 중간 수준에 불과하므로, 부모님과 본인이 일류를 소망하더라도 결코 일류가 될 수 없는 이류, 중간 정도의 보통 학생을 말하게 됩니다. 나름대로 한 분야는 똑똑한 것 같으나 객관적인 학업 성적을 말할 때면 자존심에 손상을 받을 정도를 말합니다. 이런 학생들은 FMN의 큰 장애가 아닌 "작은 장애"가 존재하기 때문에 1단계로 이 사소한 문제를 해결한 뒤, 2단계로 BMN을 적극적으로 해결해야 합니다. 왜냐하면, 학습의 기초가 되는 계산, 추론, 판단, 비교, 분석 등, 즉 BMN이 상위권보다 빈약하므로 학습량이 적고 긴 시간 앉아 있어도 비효율적인 구조로 되어 있기 때문입니다. 따라서 노력을 하더라도 저조할 수밖에 없다고 볼 수 있습니다. 해결법으로는 학습 효율성 문제의 원인을 파악하고 올바른 학습 습관을 반복 시행하여 관리하고, FMN과 SMN을 보강하여 학습 에너지를 보충해야 합니다.

원인	FMN(근본멘탈구조)의 작은 장애. BMN(기본멘탈구조)의 빈약함
해결법	FMN(근본멘탈구조)의 사소한 문제를 찾아내서 개선 BMN(기본멘탈구조)의 적극적인 upgrade 프로그램 반복

성실하나 성적이 나오지 않는 학생 성실한데도 성적이 나오지 않고 있다면 학생 자신의 답답한 마음은 이루 말할 수 없을 것입니다.

우리 아이 성적이 올랐어요

노력하는데도 성적이 오르지 않는다면 "나 자신의 한계는 이 정도인가?" 하는 회의도 들뿐만 아니라, 성취감도 느낄 수 없으므로 공부가 마치 노동과 같은 힘겨운 것이 되고 맙니다.

이런 경우는 공부하는 학생의 효율성과 실행성에 문제가 있는 경우라고 할 수 있습니다. 본인은 성실하다고 생각하지만 실제로 과목별로 학습 내용이 완전히 머릿속으로 소화되고 흡수되고 있지는 않은 상태입니다.

즉, 본인 스스로는 열심히 공부하고 있기는 한데 효과가 나지 않는 방식의 헛공부를 하고 있거나, 마치 사이드 브레이크를 올리고 운행하는 자동차처럼 학습에 완전한 에너지가 가는 것이 아니라 다른 곳으로 에너지가 새어나가고 있는 비효율적인 상태입니다.

또한, 이 경우는 FMN과 SMN에 큰 문제는 없지만, 전반적으로 BMN과 SMN이 모두 약하고 부족한 상태이며 그리고 무엇보다도 BMN의 효율성이 떨어지는 학습 습관이 있다고 볼 수 있습니다. 당장은 어느 정도 중위권, 중상위권의 성적이 유지되더라도 곧 지치게 되어 성적이 떨어질 가능성이 크므로 이른 시일 안에 현재의 학습 습관의 잘못을 파악하는 것이 시급합니다.

원인	SMN(목표멘탈구조)이 약함. BMN(기본멘탈구조)의 효율성 부족
해결법	학습 효율성문제의 원인을 파악하고 올바른 학습 습관을 반복 시행, 관리함 BMN(기본멘탈구조)를 개선하고 SMN(목표멘탈구조)을 보강하여 학습 에너지를 보충

우수하나 최상위로 나가지 못하는 학생

상위권 학생이 점차로 학년이 올라감에 따라서 중상위 혹은 우수 학생 정도로 하향화하는 것은 그동안 선행 학습을 통하여 비교 우위의 성적을 올렸을 뿐이기 때문입니다. 이러한 성적은 대개 고1, 고2로 올라가며 다양한 수능 문제에 노출 시 여지없이 떨어져 내려가게 됩니다. 중학교 때 1~2등을 하던 학생이 고등학교 때 10등으로 내려가는 예는 너무나 많습니다. 그러나 반대로 중학교 때 1~2등 하지 않던 학생이 고등학교에 가서 최상위로 나아가는 경우도 종종 있습니다. 이것이 SMN의 존재 여부에 따라 발생하는 결과입니다.

SMN은 단순히 반복 학습, 선행 학습 때문에 형성된 성적 향상이 아닙니다. 기본적으로 각 학문 분야에 대한 관심, 재미, 흥미, 목표, 목적, 이미지, 상상력, 의미 등을 포괄적으로 가지고 있는 호기심과 재미와 흥미와 행복과 창조의 새로운 영역입니다.

SMN이 있는 사람은 정말 행복하고 창조적인 학생입니다. 우수한 학생이 최우수가 되지 못하는 것은 우수한 학생이 기계적이고 반복적인 단순 심층 학습만 하고 있기 때문인데, 이런 학생은 FMN과 BMN에 큰 문제는 없어도 SMN이 없으므로 결국은 일류의 창의성과 순발력을 결코 따라갈 수 없는 2등의 위치에 머물게 됩니다.

SMN은 절반은 타고나는 것이고 나머지 절반은 폭넓은 독서, 성찰, 예술적 감각, 창조적 목표, 개성적인 인격을 바탕으로 후천적으로 계발되는 것입니다. SMN 없이는 최상위로 나아가기 불가능합니다. 즉 자신의 목표, 성취를 모르고 창의적인 개성이 모자라므로 최

우리 아이 성적이 올랐어요

고 수준까지 발전하는 데 어려움이 있는 것입니다.

원인   강력한 SMN (목표멘탈구조)의 부재

해결법   현재의 공부패턴을 유지하면서 SMN(목표멘탈구조) 강화를 위한 프로그램을 병행

자녀의 성적 향상을 위해 부모가 알아야 할 기본 컨셉들

1 공부 혼에 불이 붙지 않고서는 아무리 좋은 학습법, 과외, 학습 관리법도 부모 위안용 프로그램일 뿐입니다.

2 학습법, 학습 매니지먼트는 근원적인 해결책이 될 수 없습니다.

3 학생의 자기 고집과 자기 식대로의 생각을 개선해야 합니다.

4 부모는 막연한 기대와 사랑에서 벗어나야 합니다.

5 FMNFundamental Mental Network(근본 멘탈 구조)를 다루지 않고는 기본적인 학습 상태가 만들어지지 않습니다.

6 BMNBasic Mental Network(기본 멘탈 구조)를 다루지 않고는 효율적인 성적 향상이 이루어지지 않습니다.

7 SMNSpiritual Mental Network(목표 멘탈 구조)를 다루지 않고는 창의적인 목표 지향적 학습이 이루어지지 않습니다. 따라서 최우수가 될 수 없습니다.

8 최종 목적인 성적 향상은 양육, 교육, 학습의 순서를 단계적으로 밟아야만 합니다.

9 학생과 부모는 함께 협력하여 문제를 풀어나가야 할 문제 공동체입니다.

10 무노력의 상태에서 노력의 상태로, 헛노력의 상태에서 효율적 노력의 상태로 이동하는 것이 성적 향상의 핵심입니다.

11 성적 부진은 부모의 자녀에 대한 착각적 소망과 자녀의 자기 위안적 나르시시즘이 근본 원인입니다.

12 성적 부진은 학습법의 문제가 아니고 자아의 문제입니다.

13 공부는 안 하거나 못 하는 것이 아니라 안 되는 것입니다.

우리 아이 성적이 올랐어요

14 성적은 학생의 자숙도, 집중력, 인내심, 목표의식, 미래에 대한 꿈, 열정과 학부모의 올바르고, 객관적인 자녀 파악과 자녀 양육, 자녀 지도, 자녀 사랑의 종합적 결과입니다.

15 성적 부진 학생은 피상적으로 공부해야 한다는 생각을 하고 있을 뿐, 내면적으로는 "난 안 해", "난 싫어", "내 마음대로 할 거야"라는 기본적인 저항과 거부의 마인드를 갖고 있습니다.

16 부모는 답답해하고 안타까워할 뿐, 자녀의 학습 문제가 부모와 환경으로 인해 오래전에 발생한 문제라는 것을 알지 못하고 있습니다.

17 성적 부진 학생의 자기 고집적인 에고ego를 깨서 공부 혼Spirit of Learning이 튀어 오르게 하는 self의 용암 에너지를 발굴해야 합니다.

18 공부 혼만이 유일한 성적 향상의 지름길입니다.

19 3M 학습법을 통하여 7 방해 요소를 제거해야만 합니다. 3M 학습법을 통하여 7 성공 요소를 투입해야만 합니다.

20 성적 향상은 자신에 대한 믿음과 열정, 사랑, 창조의 결과입니다.

아이가 어릴 때는 부모의 말에 순종하지만, 중학생이 되고 사춘기가 시작되면 더는 부모에게 전적으로 순종하지 않습니다. 사춘기가 되면서 부모와 심리적으로 독립하면 할수록 부모의 말도 비판하기도 하고 부모가 시키는 것에 반발하기도 합니다. 이 시기가 되면 부모의 어떤 좋은 조언도 이제는 조언이 아니라 잔소리로 들리기 때문입니다. 아이가 성장할수록 부모도 아이를 마냥 어리게만 보지 말고 인간 대 인간으로 대하고 대화하는 것이 필요합니다. 이미 부모와의 관계가 틀어져서 부모의 말이라면 귀를 닫는 자녀에게 어떻게 대화해야 하는지 고민하는 부모들이 많습니다. 다음과 같은 기준을 가지고 대화를 한다면 틀어진 관계를 회복할 수 있습니다.

1 결론부터 생각하지 않기 많은 부모가 자녀와 대화할 때 미리 부모의 결론부터 생각하고 그 결론을 자녀에게 일방적 주입하는 경우가 많습니다. 특히 사춘기에 있는 자녀들은 누구보다 부모를 잘 알기 때문에 대화 초반에 뻔한 이야기를 하는 것 같으면 들으려 하지 않고 거부감만 들게 됩니다.

대화라는 것은 부모의 입장이 있고 자녀의 입장이 있으므로, 잠정

우리 아이 성적이 올랐어요

적인 예상을 하되 상대방과 함께 공부가 왜 잘 안되는지 개인적인 상황이나 문제가 무엇인지 열린 마음으로 대화해야 합의가 도출됩니다. 특히 일방적으로 '너는 이러이러해, 그러니까 너는 이렇게 하기만 하면 돼' 등으로 대화하면 일방적인 요구가 되므로 자녀는 그냥 건성으로 끄덕거리면서 가짜 동의를 하거나 '그건 아닌데' 하는 마음속 거부감을 가지면서 소위 대화라는 것을 하게 됩니다.

2 처음 10~20분은 자녀의 말을 들어주기

자녀 이야기가 아무리 터무니없고 당돌하다 하더라도 대화의 처음은 자녀의 말을 들어주는 것이 좋습니다. 부모 처지에서 보면 자녀의 생각이 현실을 모르는 말도 안 된다는 치기라 하더라도, 자녀 생각은 들으려 하지 않고 부모 생각만 일방적으로 훈교하면 아무리 좋은 조언이라 하더라도 자녀는 한 귀로 듣고 한 귀로 흘리게 됩니다. 또한, 자녀는 자기 생각을 부모에게 알리려 하지 않기 때문에 더욱 부모와 대화의 벽이 생기기 쉽습니다.

특히 처음 자녀의 말을 들을 때는 비판이나 판단을 하지 않고 그냥 그대로 들어주는 것이 중요합니다. 자녀가 말할 때 아닌 것 같으면 바로 개입해서 비판한다거나 교정하기 위해 설득하려 하는 것보다는 일단 자녀의 말을 충분히 들은 뒤 대화를 시도하는 것이 좋습니다.

3 부모 마음이 편한 상태에서 대화하기 직장에서 동료나 상사와 대화할 때도 내가 마음이 불편할 때 대화하거나 내가 화가 나 있고 불만이 많을 때 대화하면 상대방이 받아들이는 것이 다릅니다. 부모와 자식 간의 대화도 마찬가지입니다.

내가 배우자 때문에 화가 나 있거나 불만이 많은 상태에서 혹은 돈 문제 때문에 스트레스가 많은 상태에서 자녀에게 대화를 시도하면 대화라기보다 짜증과 화풀이를 하기가 쉽습니다. 자녀는 결코 부모의 화풀이 대상이 아닌데 부모 입장에서는 어린 자녀가 가장 만만하게 느껴져서 자신도 모르게 자녀에게 화풀이하게 되는 것입니다. 이런 상황이 반복되면 자녀는 부모에 대한 불만으로 가득 차고 부모가 대화만 시도하면 무조건 거부하는 상황까지 발생할 수 있습니다.

4 충동적인 대화를 하지 않기 아버지들에게서 많이 나타나는 모습 중 하나가, 직장에서 회식하거나 술 한잔 걸친 후 집에 들어와서 잠들어 있는 자녀를 깨워 훈육하는 것입니다.

술을 마시면 기분이 이완되고 감정적이 되며 스트레스를 풀고 싶은 욕구가 강해지므로 딴에는 자녀들에게 조언해 준다고 대화를 하지만, 사실 자신도 모르게 자녀들에게 스트레스를 푸는 경향이 많습니다. 같은 잔소리를 계속 반복한다거나 자녀의 사소한 태도에도 발끈하여 화가 나기도 쉽습니다. 아이들 입장에서는 술에 취해 하는 조언은 잔소리나 술주정으로 들리기 쉽습니다. 따라서 술을 마시고 자

우리 아이 성적이 올랐어요

녀에게 대화를 시도하는 것은 절대 금물입니다.

5 대화가 어려운 경우에는 그냥 듣기만 하기

자녀와 갈등이 심하여 대화가 어렵다거나 대화만 하려 하면 나도 모르게 자녀에게 화가 나서 잔소리만 하게 되는 경우는 차라리 10회 정도 횟수를 정하여 자녀의 말을 무조건 30분간 들어주는 것이 훨씬 좋습니다. 이때 역시 자녀의 말을 가로막거나 자녀의 판단을 비판하지 않고 그냥 듣기만 하는 것입니다. 그렇다고 겉으로는 듣기만 하고 속으로는 자녀의 말에 비판하거나 비아냥거리는 마음이 있으면 비록 말로 표현하지 않아도 자녀는 모두 알아차리기 마련입니다.

부모로서 자녀의 말을 듣는다고 생각하기보다 제3자 관점에서 자녀의 말을 듣는 연습을 해 보는 것도 좋은 방법입니다. 너무 가까운 사이는 때로는 남보다도 대화가 안 되고 일방적인 말하기가 되어버리거나 화를 내기가 쉽습니다.

6 대화의 대등한 조건을 만들기

일반적으로 부모가 자녀와 대화할 때는 우위에 있는 상태에서 하게 됩니다. 물론 인생 연륜이 많은 부모 관점에서는 자녀의 생각은 모자라고 답답하고 문제가 많이 보입니다. 그러나 이것은 부모의 기준일 뿐입니다. 자녀의 관점에서도 부모의 문제가 보일 수 있습니다. 따라서 자녀의 문제점을 지적할 때는 반대로 자녀가 부모의 문제점을 지적할 수 있게끔 공평한 기회를 부여하는 것이 좋습니다.

유교적으로 위아래를 처음부터 너무 구분해 놓으면 대화가 안 됩니다. 이러한 과정이 모두 지나가서 제대로 대화가 되는 과정이라야 진정한 효가 형성됩니다. 효를 일방적으로 요구하면 오히려 망쳐집니다.

7 자녀와 공감대를 만들기

자녀와 대화가 되지 않는 상황이라면 일단 자녀가 좋아하는 음악이나 운동, 춤 같은 주제를 익혀 보는 것도 필요합니다. 자녀는 마음의 문을 열 준비가 안 되어 있는데 다짜고짜 속마음을 말하라 하면 그것도 일종의 강요처럼 느껴지므로 효과가 없습니다. 부모가 자녀와 공감대를 맞추기 위해 노력한다는 것을 자녀가 알게 되면 조금씩 마음의 문이 열릴 것이고, 기본적인 관계가 형성되면 그다음 단계로 나아갈 수 있습니다.

처음에 가벼운 주제로부터 진지한 대화로 나아가기로 진행하거나 처음에는 성적 부진의 학생이 겪는 마음의 답답함, 속상함, 짜증 등에 대해 그냥 이야기해 보는 과정이 더 효과적일 수 있습니다.

8 처음부터 수준 높은 대화를 기대하지 말기

대화다운 대화 없이 부모가 매번 지적하고 잔소리하고 자녀는 받아들이는 일방적 관계에서 갑자기 부모가 대화를 시작하는 것은 자녀에게는 일방적인 횡포

로밖에 여겨지지 않습니다.

처음 대화가 일상적인 대화, 겉도는 대화에 불구 하더라도 시간을 갖고 인내하는 노력이 필요합니다. 대부분의 학생들은 문제 인식도 낮고 성적 부진 문제의 중요성도 잘 알지 못합니다. 이야기해 볼수록 대화 수준이 무척 낮음을 느낄 수 있습니다.

9 자녀의 감정을 일단 존중하기

부모도 사람입니다. 자녀가 부모에 대한 반감과 분노가 많고 반항이 심한 경우에 부모 입장에서도 자녀가 미운 것이 당연합니다. 그렇다고 해서 자녀의 감정은 무시하고 일방적인 효와 예의를 강요한다면 대화는 이미 물 건너가게 됩니다. 자녀가 갖는 감정에 대해 그럴만한 이유가 있겠지 하고 생각하면서 일단 존중하는 연습이 필요합니다. 희로애락의 1차적인 감정은 우선은 존중되어야 합니다. 공감의 과정을 빼먹으면 일방적인 훈교나 잔소리, 야단치기로 끝이 납니다.

10 논리적 옳고 그름, 판단을 우선 포기하기

대화는 1차적으로 옳고 그름을 떠나서 감정, 서로의 나쁜 엉킨 감정을 푸는 것입니다. 아빠의 경우 회사에서 자신의 상사와 일방적으로 지시받는 술자리, 술맛이 나겠습니까?

아이도 마찬가지입니다. 그렇다고 하여 무조건 아이를 편들라는 것은 아닙니다. 미숙한 수준, 감정의 미성숙, 사리 판단의 미숙은 분명히 존재하므로 부모의 관점에서 보면 아이 판단이 문제가 있다고 생각할 만합니다. 그러나 그런 생각이 들어도 대화하는 순간에는 옳고 그름의 판단을 포기하고 일단 아이의 말을 들어주는 것이 중요합니다. 자녀들의 주관적이고 왜곡되고 미숙한 논리를 들으면서 부모는 쉽게 마음이 상하고 참을성이 없어지며 바로 아이를 향한 비난의 과정으로 빠지기 쉬운데, 이를 경계해야 합니다.

11 아빠의 일생사를 주입하지 않기

7~8세, 13세의 아이에게 40~50대의 통달한 이야기를 급작스럽게 주입하려 하지 말아야 합니다. 특히 자수성가한 아버지의 경우 자녀를 볼 때마다 안타깝고 답답하고 한심하게 볼 수 있습니다. 그래서 자신이 어떻게 힘들게 살았고 고생했고 성공했는지를 악바리처럼 살아온 인생을 반복해서 주입하기 쉬운데, 받아들일 준비가 되지 않은 어린아이에게는 이런 아빠의 삶이 와 닿지 않고 오히려 반대로 엇나갈 가능성이 큽니다.

아이가 성장하여 대화가 가능한 상태에서 무겁지 않고 잔잔하게 이야기하는 것이 효과적입니다.

12 아이 성적에 대해 일방적으로 야단치지 않기

아이가 공부를 못한다고, 성적이 떨어졌다고 야단치는 것은 마치 엄마가 아빠가 돈 못 번다고 바가지 긁는 것과 마찬가지의 스트레스입니다.

돈 못 번다고 잔소리를 한다고 과연 아빠가 돈을 잘 벌 수 있겠습니까? 마찬가지로 공부 못하는 아이에게 공부하라고 잔소리하는 것은 공부에 대한 반감만 갖게 합니다. 성적 부진에 이르게 된 저간의 상황과 사정에 대해 말이 안 되어도 잘 들어보고 근본 원인을 같이 찾아보아야 합니다.

13 자녀 상태를 보아가면서 대화하기
너무 처음부터 목적 또는 목표 지향적으로 시작하지 말고 열린 마음open mind으로 시작합니다. 결론은 목표를 미리 정하지 않는 것입니다.

처음부터 결론을 지은 상태에서 대화를 시작하면 평행선 같은 대화만 이어지게 되고 대화의 영역이 협소해집니다. 자녀들은 놀랄 만큼 단순하고, 객관적이지 못하고, 본인 탓을 모르고, 핑계 대기, 회피하기, 잔소리로만 생각하기, 짜증 내기 등의 모습을 보입니다. 즉 말귀를 알아듣는 수준이 천차만별입니다. 그러므로 학생 수준에 맞추어서 다단계로 대화해야 합니다.

14 자녀에게 요구하는 내용이 자신의 욕구와 관련 있는지 돌아보기
자녀에게 주로 하는 지적이 무엇인지 생각해 볼 필요가 있습니다. 자녀에게 요구하는 "공부 잘해라, 노력해라." 등이 자신의 좌절된 한이나 욕망 욕구, 열등감 보상과 관계있는 것이 아닙니까?

특히 부모가 학벌에 대한 열등감이나 출세하지 못하고 좌절된 경우, 유학을 가고 싶었는데 가정환경 때문에 포기한 것, 어린 시절 불우한 가정환경 때문에 갖게 된 콤플렉스들이 많으면 많을수록 자녀에게 지나치게 이것을 요구하는 가능성이 큽니다.

자신의 열등감을 자녀를 통해 보상받기를 원하는 것이 아닌지 되돌아볼 필요가 있습니다.

15 운전하는 요령으로 아이를 다루기

아이 다루는 요령은 운전하는 것과 마찬가지입니다. 운전하는 사람은 꼭 정해진 규칙으로만 다닐 수는 없습니다. 시속 60㎞, 시속 30㎞ 정해 놓고 다니는 것이 아닙니다. 한국 사람 대부분이 가장 자랑하는 실력은 독서 능력도 대화 능력도 아닌 운전 능력입니다. 거의 대부분 도를 튼 경지입니다. 그 이유는 중 첫 번째는 매일 운전하기 때문입니다. 일종의 예습, 복습입니다. 두 번째는 큰돈을 투자하기 때문입니다. 차 비용, 휘발유 비용, 세금. 그리고 마지막 세 번째는 많은 시간을 투자하기 때문입니다.

자녀도 마찬가지입니다. 자녀와 매일 대화하고 자녀에 대해 금전적, 시간적으로 투자하다 보면 어느새 자녀를 어떻게 대해야 하는지 알게 됩니다. 자녀에 관해 관심도 없으면서 오로지 자녀가 공부 잘하고 잘 자라 주기를 바란다면 이것은 부모의 지나친 욕심입니다.

우리 아이 성적이 올랐어요

16 일에 쏟는 에너지의 10%만 쏟아 보기 자녀와 대화하기를 바라고 자녀의 장래에 관심이 있습니다. 하지만 일반적으로 한국 아빠는 자신의 업무, 사업 내용, 매출액의 구체적 내용을 다 파악하고 있으면서 아이에 대해서는 구체적인 정보도, 관심도, 내용도 없습니다.

자신의 직업은 어떻게 하면 성공할까, 승진할까, 제품을 어떻게 많이 팔까, 동료·상사들에게 어떻게 대할까 하는 생각은 많이 하면서 정작 내 사랑하는 아이는 무엇을 좋아하는지, 이 아이 마음을 내가 어떻게 잡을지는 전혀 연구하지 않습니다. 그러면서 자녀가 공부를 안 하거나 문제를 일으키면 아이가 왜 그러는지를 고민해 보기 전에 아이 잘못만 지적합니다. 아이에게 잔소리하고 야단치면 아이가 저절로 고쳐지고 대화가 될 것으로 생각하는 것입니다.

치열한 직장 생활에서 잘 버텨내는 것도 힘든 일이지만 직장에 쏟는 에너지의 10%만 자녀에게 쏟아도 자녀는 엇나가지 않습니다.

아이에게 중요한 청소년 시기에 돈을 버느라 시간을 다 보내고 나중에 경제적으로 안정되면 그때 가족을 돌아보겠다고 생각할 수도 있지만, 이미 아이에게 큰 문제가 생긴 이후입니다.

17 부모 자신의 사랑이 맹목적인지 꼭 점검하기 어느 부모나 자신이 합리적이고 타당하다고 생각하지 자신이 틀렸다고는 꿈에도 생각하지 못합니다. 자신이 자녀에게 잔소리하고 지적하는 것이 자녀를 위한 방법이라고 확신하지만, 상당수 많은 잔소리는 자녀를 위한 지

적이라기보다는 부모의 화풀이가 많이 포함되어 있습니다. 이런 잔소리는 정작 자녀에게 도움이 되기는커녕 오히려 독이 되기 쉽습니다.

한 번쯤은 내 생각이 내 잔소리가 아이에게 독이 되는 것은 아닌가, 내 생각이 잘못된 것이 아닌가 점검해야 합니다. 자녀에 대한 애정과 관심이 많을수록 공든 탑이 오히려 더 쉽게 무너질 수 있고 부모의 일방적이고 맹목적인 사랑이 오히려 독이 되는 수도 있습니다. 구체적 평가나 방법이 없는 지극한(?) 사랑은 문제를 더욱 크게 만들 수 있습니다.

18 훈교와 격려의 양 작전을 구사하기

마음의 상처를 주지 않기 위해 '너는 할 수 있어. 너는 잘할 거야' 등의 격려만 해서는 학습 부진 문제가 해결되지 않습니다.

마음의 준비가 되어 있을 때의 격려는 세상에서 가장 좋은 약이지만, 준비가 안 된 상태에서의 격려는 오히려 공부 긴장을 풀어내서 나태와 안일의 반복에 빠지게 할 수도 있습니다.

반면 지적하기, 훈교하기, 야단치기만으로는 학생 마음의 내성이 커가기만 하고 부모의 훈교를 잔소리로만 생각해 변화하려는 자발적 의지는 점점 더 없어질 수도 있습니다. 따라서 훈교와 격려는 어느 한쪽만을 사용하는 것이 아니라 상황에 따라서 두 가지 작전을 모두 구사하여야만 합니다. 학생들의 성격, 태도, 가치관이 천차만별인 것처럼 부모님의 작전은 상태에 따라 다양하게 구사되어야 합니다.

우리 아이 성적이 올랐어요

성적 향상의 1단계 - 양육

양육, 교육, 학습, 성적 향상은 단계적·순차적으로 이루어집니다. 부모들이 오해하고 있는 것 중 하나가 아이가 현재 고등학생이니 초등학교 때의 문제가 영향을 주지는 않으리라고 생각하는 것입니다. 또한, 그 문제가 있다고 하여도 현재는 그 문제를 풀 수 없다고 단정해 버리는 오류를 범합니다.

양육은 말 그대로 아이를 키우는 일입니다. 그런데 자녀가 어렸을 때만 하는 것으로 생각하는 부모가 많습니다. 양육의 시기가 있다는 것은 자라는 시기마다 부모가 더 신경 써 주면 더 좋다는 것을 시기별로 나누어 놓은 것이지 양육의 시기가 따로 있고 그때가 지나면 하지 않아도 된다는 것을 말하는 것이 아닙니다. 그리고 어느 시기가 지났다고 하여 버릇을 들이거나 기본적인 자세를 만드는 시기가 지났음을 말하는 것도 아닙니다. 양육 시기에 자녀가 받고 배워야 할 것들은 '부모가 나를 정말 사랑하고 있구나.'입니다. 이것은 단순하게 부모가 자녀에게만 정성을 쏟으라는 것이 아니고, 부모가 자녀의 발전을 위하여 진심으로 관심을 두고 집중하며, 노력하는 것을 말합니다. 또 부모 자신의 인생도 사랑하고 아끼면서 자신의 발전을 위해서도 쉼 없이 노력하는 모습을 보일 때만 자녀는 '건강한 사랑'을 느끼게 되는 것입니다.

이에 대한 구체적인 모습으로는 자녀의 잘못을 보면 질책은 하되 폭력적이지 않은 것입니다. 매를 든다고 하여도 다 같은 폭력이 아니고 말로만 혼을 낸다면서 언어폭력이 가해져서도 안 됩니다. 부모 자신의 화풀이를 자녀에게 하는 것이 아닌, 자녀 자체의 문제를 보고 그 문제 자체를 꾸짖을 수 있는 부모의 현명함이 요구됩니다.

부모가 보기에 어리고 한없이 예쁘게만 보여서 자녀의 잘못에 대해 가지치기를 하지 못하면 그 미뤄진 문제 상황을 부모가 고스란히 떠안고 살아야 합니다. 자녀에게 잔소리는 하지만, 자녀에게 칭찬도 격려도 하고 인내심으로 보아 줄 수도 있어야 합니다. 부모의 권위는 살아 있지만 일방적이지 않고, 무엇보다 부모의 말에 순종할 수 있는 자녀, 말 잘 듣는 자녀가 되어야 합니다. 너무 힘으로만 눌러 놓아서 자녀가 복종하는 것이 아니라 부모가 모범을 보이고 자녀가 스스로 따르게 해야 합니다. 자발적인 순종을 만드는 것이 양육에서 가장 중요한 요소입니다.

부부 관계도 자녀에게 상처가 되거나 불안의 요소로 자리 잡지 않도록 부부간의 갈등과 문제 상황들을 적극적으로 해결해 나가야 합니다. 피치 못할 사정으로 자녀에게 상처를 줄 수밖에 없다고 하더라도 자녀가 충분히 이해할 수 있도록 노력하며, 마음의 상처를 방관해서는 안 되고 보듬어 주어야 합니다. 이런 전체적인 가정의 모습과 가정 교육 전반이 양육을 의미합니다. 자신만의 생각으로 아이를 힘들게 하는 것이 있는지에 대해서도 꾸준히 스스로 돌아보아야 합니

우리 아이 성적이 올랐어요

다. 이런 생활 환경, 가정환경이 되어야 자녀는 진정으로 부모의 사랑을 느끼고 자신의 자존감과 자아의 안정감을 느낄 수 있습니다. 이러한 양육은 아이의 어느 시기에만 해야 하는 특별 교육이 아니고, 부모와 자녀가 같이 살아가는 한 어른이 되어서도 계속되어야 하는 부모의 의무 같은 것입니다.

문제는 이러한 기본적인 양육이 자녀의 학습에 지대한 영향을 준다는 것입니다. 아이의 발달에 필요한 양육, 교육, 학습의 순서상에서 양육이 자녀의 기본 심성과 기본 정신을 만들고 공부의 바탕을 만드는 과정입니다. 이 단계에서 아이의 기본 마음과 정서에 문제가 발생하고 자녀의 성격이 밝지 못하고, 기운이 없고, 불안한 마음을 품고 살거나, 부모에게 벽을 느끼고 생활하게 된다면 학년이 올라가면서 버텨 내야 하는 공부 상황과 공부량과 스트레스를 처리하지 못하게 됩니다. 수많은 학생들의 성적 부진의 원인을 살펴보면, 공부 방법의 문제나 단순한 노력 부족, 주의 산만, 인내심 부족이 실제적인 원인이 아니고, 그 현상 밑에 자리 잡고 있는 기본 마음의 상처와 분노와 불안으로 인한 자신에 대한 자신감 없음, 좌절감, 기댈 곳 없음, 희망 없음, 미래에 대한 잘못된 인식, 잡념 등이 큰 축을 이룹니다. 이렇게 이미 잘못 구성된 마음과 정신의 회로를 갖게 한 일차적인 원인인 양육의 방법과 부모의 양육 스타일이 변하지 않는다면 아이는 계속되는 문제들을 전혀 처리할 수가 없습니다. 학습 상황에서 아무리 좋은 말과 긍정적인 희망들을 아이에게 주입하여도 소용이 없고, 오직 방법은 그 밑에 놓인 잘못된 회로를 수정하고 개선하고 클리닝 하는 것 말고는 방법이 없습니다.

　양육은 시기가 지났다고 하여 포기하거나 지나쳐야 하는 문제가 아닙니다. 부모가 인식이 바뀌고 자녀의 문제점을 발견한 순간부터 진정한 양육이 시작될 수 있습니다. 부모의 모든 것을 받아들이고 반응한 아이의 모습이 현재의 모습입니다. 그 결과가 성적 부진과 자기 멋대로의 행동들과 고집과 불순종이라면 부모가 더 적극적으로 자신을 바꾸어 나가야 하고 자녀를 개선해야 하고 성적 향상을 위한 기본적인 정신 상태와 태도를 만들어 나가야 합니다. 양육의 핵심은 부모와 아이의 올바른 관계를 맺는 일입니다. 그냥 부모가 낳았으니 자식이고, 부모 자식 관계가 아닙니다. 자식이 부모의 골칫덩어리, 애물단지가 되는 경우도 다반사이고, 부모로 인하여 상처와 고통을 끌어안고 사는 자녀도 많으며, 서로가 발전을 막으면서 마음고생 하면서 인생을 낭비하게 하는 경우도 주변에서 많이 보았습니다. 부모와 자식이 서로의 발전을 위해서 같이 노력할 수 있고, 노력해야 하는 공동 운명체로서 서로의 역할을 다할 수 있도록 부모가 더 부모다운 모습으로 올바른 권위를 세워 가야 하고 리더가 되어야 합니다. 그래야 올바른 부모 자식 관계가 될 수 있습니다. 자녀는 부모를 존경하고 순종하고 부모를 사랑할 수 있어야 자신도 사랑할 수 있고, 사랑 받음을 알 수 있습니다. 이러한 사랑에서 포기하지 않는 마음을 갖추게 되고, 자신의 발전을 위해 미래를 위해 끝없이 노력할 수 있는 에너지를 얻게 됩니다.

성적 향상의 2단계- 교육

교육에는 비법이나 지름길 같은 것이 별로 없습니다. 기본을 갖추는 것에 대해서 모르는 사람은 없습니다. 양육, 교육, 학습, 성적 향상의 단계와 순서가 중요한 이유, 좋은 양육 없다면 이미 교육의 성과를 기대하기 어렵다는 것은 짐작될 것입니다. 학생의 마음 밭이 비옥하고 영양도 풍부하며, 햇볕도 잘 쬐어지고 있다면, 즉 양육이 잘 되어 있다면 씨를 잘 골라 놓았다면 이젠 씨를 뿌리기만 하면 됩니다. 교육은 밭을 갈고 씨 뿌리기와 같습니다. 성실한 교육의 과정이 진행되면 학생의 학습 수준을 어느 정도 예상해 볼 수 있는 것과 같습니다.

교육의 단계에서 양육의 중요성을 더 강조하게 되는 것은 양육으로 학생이 일구어 가야 하는 땅인 마음을 넓혀 주고, 그 밭에 있는 수많은 돌을 제거해 내야 하기 때문입니다. 다시 말해 교육이 가능할 수 있도록 마음속의 장애 요인들을 제거해야 합니다. 마음속의 불안, 잡념, 분노 등이 공부를 막는 돌덩어리들입니다.

교육의 내용은 읽고, 베끼고, 쓰고, 말하고, 암기하는 과정을 주로 반복하게 합니다. 주로 초등학교에서 이러한 과정들이 이루어지고는 있지만, 학생이 하는 과정 못지않게 중요한 것은 부모의 교육 관리 기술입니다. 집중적인 확인과 체크, 점검해주는 것입니다. 교육은 철저하게 관리되어야 합니다. 부모의 일방적인 지시로 "책 읽어!" 이렇게 하여 책을 읽는 아이가 몇이나 되겠습니까. 자녀가 제대로 과제를 하고 있는지 질문도 하고 관심도 가지고 같이 참여하여 부모도 생각해 보고 이해해 보고, 가계부를 적듯이 꼼꼼하게 자녀를 체크해야 합니다. 아이에게 이러한 집중이 가장 핵심적인 부분이 됩니다. 고등학교 학생 중에도 읽기가 어렵다는 학생들, 글쓰기가 고통스럽다는 학생들이 뜻밖에 많습니다. 이러한 기본적인 학습 능력을 저학년 과정에서 충실하게 만들어 놓아야 합니다.

교육에 대해 이해가 부족한 부모들의 경우 자녀에게 비싼 책들을 전집으로 사 주고, 교육 여건을 충분하게 만들어 주기만 하면 아이가 알아서 그 많은 학습 교재들의 바다에서 수영하고 놀 것으로 생각하고 그러기를 바라며 부모로서 할 바는 다 했다고 생각합니다. 하지만 실제 모습을 보면 그 많은 책을 책상에 꽂아 주었지만, 아이는 컴퓨터 게임만 하고 놀거나, 학교 숙제도 팽개쳐 놓고 다른 것에만 집중하는 것을 보게 됩니다. 그래서 그 시간을 없애기 위해서 학습지를 신청하고, 학원 수업 시간으로 아이의 관심을 돌리려고 합니다. 시간 가는 줄 모르고 책을 볼 수 있는 아이는 몇 명 없습니다. 그리고 아이가 그런 상태가 되게 하려면, 아이가 그런 훈련 과정에 재미를 느낄 수 있도록 부모가 같이 더 노력해야 합니다.

읽기를 통하여 기본 집중력과 공부에 대한 흥미, 새로운 정보를 받아들임, 어휘의 발달 등 스스로 받아들이는 능력을 키우게 됩니다. 운동으로 치면 심폐 능력과 근력을 키우고, 기초 체력을 만드는 일들입니다. 고등한 지적 능력을 발달시키기 위한 기본 능력의 함양입니다. 학습이 받아들여지지 않는 학습 소화 능력의 문제도 모두 기본 교육 단계의 읽기 능력 부족이 원인이 됩니다. 기본 교육 과정을

우리 아이 성적이 올랐어요

통하여 학습을 받아들일 수 있는 코드가 형성되지 않는다면 공부는 밑 빠진 독에 물 붓기가 되고, 헛공부가 됩니다.

또 기본 교육의 과정은 양육의 실행 과정이 됩니다. 양육의 시기가 따로 있는 것이 아닌 것이 부모가 자녀에게 과제를 내고 자녀는 부모의 말을 듣고, 완수하는 과정을 거치면서 순응 능력은 길러지게 되고, 자녀의 버릇을 바르게 들일 수 있는 훈련의 과정이 되기도 합니다. 교육의 시기도 마찬가지입니다. 양육이 충분하지 못했다면 교육과 양육은 동시에 진행되어야 합니다.

교육의 첫 번째는 학생의 산만함, 게으름, 어려운 일을 회피하는 습관들을 읽고, 쓰고, 베끼는 과정들을 통하여 고치고, 인내심과 성취욕을 키워 나가는 과정입니다. 이러한 과정들이 딱히 성적을 내는 과정이 아니므로 부모 입장에서는 간과하고, 방관하고, 중요성을 인식하지 못합니다. 이러한 교육의 과정이 대입 시험과는 너무 먼 문제이고, 어차피 고등학교 가면 스트레스를 받을 텐데 아이 때는 스트레스 받지 말고 놀고 싶은 거 다 하게 해 주는 부모 마음이 이해가 되지 않는 것도 아닙니다. 그러나 문제는 이 교육 과정들의 훈련들이 고스란히 미래의 성적과 연결이 된다는 것입니다.

부모의 무분별한 허용과 방관은 시간이 흐른 뒤에 후회해도 소용없는 일입니다. 그리고 초등학교 때의 적절한 교육의 부재의 부작용이 빠르게는 초등학교 때에 나타나기도 하지만 대부분은 초등학교 때에 나타나지 않습니다.

자녀의 공부에 필요한 기본 능력인 하기 싫은 일을 참으면서 하기, 선생님이 시키는 과제 받아들이기, 주어진 과제 정해진 시간 안에 해내기, 혼자서도 공부에 집중하기, 읽기, 쓰기, 말하기 등의 기본적인 능력의 정비 없이 중·고등학교에서의 성적 향상과 상위권 진입은 어려운 일입니다.

성적 향상의 3단계– 학습 　구체적인 학습 내용 실행하기

공부를 어렵지 않게 했던 부모들의 입장에서는 공부하는 것이 뭐가 그렇게 어려우냐고 합니다. 그냥 정신을 차리고 앉아서 하면 되는 것인데 뭐가 힘들다고 하는지 이해할 수 없다고도 합니다. 그러나 이러한 부모들의 생각은 예전의 어려움을 다 잊어버린 것입니다. 그리고 요즘은 부모들이 살던 시대와는 또 다릅니다. 부족하지 않게 키웁니다. 이런 분위기인데도 자녀가 공부를 못하면 부모들은 부모 때처럼 생각하고 뭐가 부족해서 그런가 하고 그 부족을 메워 주려고 합니다. 그러나 자녀의 양육이나 교육의 과정은 생각하지도 못하고 단순히 성적이 나오지 않는다고 하여 맹목적인 정성이나 무분별한 학원 수업과 과외 수업으로 성적이 올라가기를 바라는 것은 잘못된 기대입니다.

학습은 철저하게 학생이 스스로 혼자서 해내야 하는 부분입니다. 외부의 도움인 학원과 과외는 2차적인 문제입니다. 부모들은 대부분이 이 2차적인 문제 해결에 힘을 기울이고 이것을 교육열이라고 하는

데, 사실 그나마 이 부분이 자녀의 성적을 지탱해 온 힘입니다. 그러나 성적의 향상이나 비약적인 발전을 위해서는 이것들로만은 역부족입니다. 이런 방법들로는 학생 자체를 변화시키지 못하기 때문입니다.

지금까지 자신만의 방식으로 굳어져 온 습관과 학습 태도와 학습 마인드를 바꿔 주기 위해서는 근본적인 성격이 바뀌어야 하고, 공부에 대한 컨셉이 바뀌어야 하고, 자기 자신에 대한 관념도 바뀌어야 합니다. 이런 학생 자체의 개선은 FMN, BMN, SMN 개선에 의해서만 가능합니다.

먼저 양육의 부분을 해결하는 FMN을 개선하여 잘못된 생각들과 어긋나려고 하는 마음, 반항적인 마인드, 수동적이고 피동적인 자세를 제거하고, 생각과 정신을 비워내고, 공부를 넣을 수 있는 자리를 만들어야 합니다. 교육의 부분을 채워 주는 BMN 형성을 통하여 기본적인 학습이 가능한 정신의 다양한 툴을 만들고, 자신에 대한 믿음과 분발심과 기본 습관과 바른 태도와 인내심과 자각과 주체성과 학습에 필요한 어휘와 재료들을 만들어야만 더 고난도의 공부를 스스로 해낼 수 있는 학생이 됩니다. 끊임없이 주변의 상황을 이해하고 받아들이면서도 자신의 위치를 망각하지 않고 주변의 시끄러운 잡음들도 스스로 힘으로 제거하고 조절하며 내면에서 발생하는 스트레스들도 스스로 이겨 낼 힘을 키우게 됩니다.

이때부터가 어른들이 말하는 공부가 가장 쉬운 상태가 됩니다. 공부는 가장 쉬운 일이 될 뿐만 아니라 지겹고 반복되는 공부를 즐기면서 할 수 있게 되고, 실제로 공부를 해 나가면서 성취감도 느낄 수 있게 되고, 난이도가 높아질 때마다 도전 의식도 생기고 또 성과를 내면서 자신감도 붙습니다. 스스로 공부 효율을 높일 수 있는 방법을 터득하게 되고, 공부하는 과정과 내용에서 자양분을 얻으며 더욱 건강하고 성숙한 품성의 학생이 되어 갑니다.

성적 향상의 4단계 - 성적 향상

양육과 교육과 학습의 단계를 순차적으로 밟아 오고, 우수한 성적을 받을 수 있는 학생들을 더욱 완성해 나가는 것은 SMN을 발전시켜 주어 창의력을 키우는 것입니다. 위의 과정을 통하여 성적 향상을 거두어 왔지만, 발전 가능성에는 끝이 없습니다. 따라서 기존에 세웠던 목표와 가능성을 스스로 넘어선 학생들에게는 더욱 높고 새로운 목표가 생겨납니다.

성적 향상을 계속해 나가면서 정신적인 능력은 더욱 발전해 갑니다. 이 발전의 과정에서 더욱 절실하게 학생에게 필요한 것이 자기 자신을 믿는 마음입니다. 꾸준히 발전해 가면서도 발전의 상향 그래프는 직선이 아닙니다. 발전과 정체, 발전과 정체를 반복하는데, 더 높은 비약을 위해서는 지루한 정체의 시기를 거칠 수밖에 없습니다. 이것을 이겨내는 힘이 자기 자신에 대한 믿음입니다.

또 이 시기, 즉 성적 향상을 꾸준히 이루어 나가는 상황에서 필요로 하는 정신 능력이 창의력입니다. 창의력을 키우기 위하여 부모들도 노력을 많이 하고는 있지만, 그것이 어떤 효과가 있는지에 대해서는 반신반의합니다. 그리고 막상 중학교에 진학하고, 고등학생이 되어 입시에 매진하게 되면 이런 생각들이 없어지게 됩니다. 우리나라의 입시제도와 교육을 비판하는 이유도 모두 획일적인 교육이 학생들의 창의력을 발전시키지 못하기 때문이라는 것에는 동의하실 겁니다. 남들이 못하는 기발한 생각을 해내는 것도 창의력이고(독특하고 특이한 것과의 구분이 쉽지는 않지만), 기존에 없는 것을 생각하고 고안해 내는 것도 창의력입니다. 그리고 가장 결정적인 창의력이란 자신을 새롭게 창조하는 능력이고, 새로운 세상을 꿈꾸며 지치지 않고 끊임없이 새로운 것에 도전하고 도약하는 것입니다. 자신의 발전에 한계를 두지 않는 것, 자기 생각에 개혁을, 그리고 기존의 생각들을 파괴시킬 수 있는 힘이 창의력입니다. 이 힘을 바탕으로 기존의 학문을 뒤엎을 수 있는 획기적인 발상과 역사상 아직 누구도 도달하지 못한 미지의 영역을 개척하고 탐구하는 힘도 나오며, 새로운 생각과 아이디어로 자신의 삶을 풍요롭게 만드는 힘도 나오는 것입니다. 이 단계에 이르게 되기까지 FMN, BMN의 개선과 SMN의 투입을 거치게 되는데 여기에는 부모와 학생 공동의 노력이 필요합니다.

에디슨이 말한 99%의 노력에 1%의 영감은 괜한 말도 아니고 이해가 되지 않는 말도 아닙니다. 3M 학습법은 성적 향상을 이룰 뿐 아니라 학생의 지속적인 창의적 성장을 목표로 합니다. 공부 혼에 불을 붙여서 아이가 세계 일류의 학생이 되기를 바랍니다. 이러한 창의력이란 어릴 때 일시적으로 창의력 향상을 위하여 다양한 학습을 하는 것만으로는 생겨나지 않습니다. 제대로 된 양육과 노력과 교육과 학습이 바탕이 된, 즉 99%의 노력을 기울여 온 학생이라면 누구라도 자기 생각에 얽매이지 않고, 자신의 한계와 틀을 깨며, 생각의 도약, 정신적 능력의 비약을 가져올 수 있는 당연한 과정으로서의 창의력의 발생이 됩니다.

이렇게 이룬 성적 향상의 효과는 단순히 남과의 경쟁에서 더 나은 위치를 선점하는 것을 넘어섭니다. 주위의 사람들을 리드하고 새로운 세계를 만들어 가려는 의욕이 넘치는 진취적인 학생을 만든다는 것입니다. 이러한 양육과 교육과 학습과 목표 의식을 품은 우리 아이들이 세계적인 천재들을 뛰어넘지 못할 이유가 없고, 자신과 세상과 인류를 위하여 더욱 풍요로운 세상을 만드는 데에 일조하지 않을 이유가 없습니다. 이러한 미래에 대한 희망과 꿈을 가진 학생만이 더 나은 자신을 만들어 가기 위해서 최선을 다하는 자세를 갖고 스스로 유지하며, 스스로 개혁합니다. 그러니 양육과 교육과 학습의 과정과 마지막 무한한 성적 향상을 위한 SMN을 자녀가 갖도록 하는 것은 자녀를 위한 일이 될 뿐만 아니라 부모를 위해서도 최고의 선택입니다.

근본 멘탈 구조인 FMN에 문제가 있다는 것은 해결 안 된 성장기 갈등이나 울화, 과거의 잊고 싶은 기억 등이 학생의 근본 멘탈에 자리하고 있어서 본인도 잘 의식하지 못하는 상태이며, 생각으로는 열심히 하고 싶지만 마음먹은 대로 몸과 마음이 움직이지 않는 것을 말합니다. 그래서 곁에서 볼 때는 학생이 활기차지 못하고 힘없이 유약, 무기력하거나 혹은 반대로 감정의 에너지가 요동을 쳐서 정서적으로 불안정한 상태가 되어서 학습을 할 수 없는 양상을 보입니다.

기본 멘탈 구조인 BMN에 문제가 있다는 것은 학생의 성격, 성향, 가치관, 학습 태도 등에 있어서 부모가 보기에도 개성이라고 보기에는 걱정이 되는 무언가, 학생 자신의 고유한 감정과 생각이 반영되는 문제들입니다. 그래서 이런 기본적인 멘탈이 어떠한가에 따라 학습에 순응하여 말을 듣기도 하고, 전혀 지시에 순응하지 않는 태도로 나타나기도 하고, 학습을 회피하는 경향으로 나타나기도 합니다. 나름 자기 식대로의 생각과 행동이 강해서, 공부를 안 하지는 않고 하기는 한다지만, 막상 공부의 질과 효율을 따져 보면, 공부의 내용을 적극적으로 입력하거나 수용하거나 이해하려 하지 않고, 책을 붙들고 시간만 흘려보내는 양상을 보입니다. 쉽게 말해 공부하는 척만 하는 것이지요. 또한, 5가지 기본 인지 기능인 보고, 듣고, 읽고, 쓰고, 말하기와 상위 기능인 분석하기, 추론하기, 감각하기, 표현하기, 창조하기의 기능이 제대로 확보되어야 합니다.

목표 멘탈 구조인 SMN의 문제는 목표 의식이 없고, 왜 공부하는지에 대해 스스로가 생각해 답을 낼 수 있는 상태가 아니라는 것입니다. 즉, 목표의식이 있어서 스스로 자발적으로 선택한 것이 아니고 단순히 공부를 해야만 하는 것이 의무라고만 생각하기 때문에 공부를 많이 하고 나면 의욕과 분발심이 더욱 생겨야 하는데, 하면 할수록 억지로 하는 공부라서 지치기만 합니다. 소극적이고 노예적인 공부를 하는 것입니다. 이것은 복합적인 인생의 의미와 가치를 사유하지 못하는 것이고, 공부의 목적과 그것의 과정으로서의 학습의 의미와 가치도 모르고 있는 것입니다. 초등학교, 중학교, 고등학교를 거치는 인생의 가장 아름다운 10대에 자신이 가장 매진하고 있는 일의 가치를 모른다는 것이 한편으로는 얼마나 슬픈 일일까요.

공부를 그저 대학에 가기 위한 수단으로만, 어쩔 수 없이 견뎌야 할 과정 정도로만의 인식하고, 단순 의무나 너무나 하기 싫은 어떤 것 과정으로만 파악하는 것은 학생 자신의 인생에서뿐만 아니라 가정적으로도 큰 손해를 보고 있는 것입니다. 상황과 교육의 현실을 탓하기 이전에, 나 자신과 내 자녀가 가장 공부하기에 적합한 상태가 될 수 있도록 살피고 개선하는 것이 기본입니다.

학습은 여러 가지 인생의 센서를 만드는 일입니다. 센서가 있어야 세상을 느끼고, 교류하고, 인생을 느낄 수 있는데, 공부를 억지로 하고 있다면, 학습과 성적이 주는 여러 가지 긍정적인 기능과 이익들의 가치에 대해서는 전혀 보지 못하는 우를 범하고 있는 꼴입니다.

그래서 FMN(근본 멘탈 구조), BMN(기본 멘탈 구조), SMN(목표 멘탈 구조) 이 3가지 3M을 잘 살펴보고, 처리하고, 준비하는 것이야말로 학생들이 진정으로 개성적이며, 도전적이며, 미래적이고 지향적인 품성과 인성과 능력을 갖추게 하는 길입니다. 이 이후의 학습은 저절로 발전합니다.

FMN의 개선을 예로 들어 설명하면, 밭에 박혀서 농사를 방해하는 큰 돌이나 바위를 제거하는 작업이고, BMN의 개선은 밭에 있는 잔돌이나 엉켜 있는 가시덤불들을 걷어내는 작업에 비유할 수 있으며, SMN의 개선은 밭을 잘 갈아서 좋은 비료를 넣고 땅을 옥토로 만드는 작업이라고 볼 수 있습니다. 이 3가지 멘탈 구조의 개선과 해결이 없이는 학습은 결코 발전하지 못합니다.

모든 학생과 부모님들의 행복하고 자유롭고 성공적인 미래를 위한 필수 과정입니다. 3가지의 멘탈 구조 문제를 해결하셔서 학생과 가정의 비약적인 발전을 이루시기 바랍니다.

우리 아이 성적이 올랐어요